Curso Vida Nova de Teologia Básica

PANORAMA DA HISTÓRIA DA IGREJA

Dados Internacionais de Catalogação na Publicação (CIP)
(Câmara Brasileira do Livro, SP, Brasil)

> Eckman, James P.
>   Panorama da história da igreja / James P. Eckman ; Tradução Emirson Justino da Silva. – São Paulo : Vida Nova, 2005. – (Curso Vida Nova de Teologia Básica; v. 4)
>
> Título original: Exploring Church history.
> Bibliografia.
> ISBN 978-85-275-0349-5
>
> 1. Igreja - História I. Título. II. Série.
>
> 05-6756   CDD-270

Índices para catálogo sistemático:
   1. História da Igreja   270
   2. Igreja : História   270

Curso Vida Nova de Teologia Básica

PANORAMA DA HISTÓRIA DA IGREJA

JAMES P. ECKMAN

Tradução
Emirson Justino da Silva

Copyright © 2002 Evangelical Training Association
Título do original: *Exploring Church History*
Traduzido da edição publicada em 2002 pela
Crossway Books, uma divisão da Good News
Publishers (Wheaton, Illinois, EUA)

1.ª edição: 2005
Reimpressão: 2008
1.ª edição atualizada: 2010 (novo acordo ortográfico)
Reimpressões: 2013, 2015, 2018, 2020

Publicado no Brasil com a devida autorização
e com todos os direitos reservados por
Sociedade Religiosa Edições Vida Nova,
Rua Antônio Carlos Tacconi, 63, São Paulo, SP, 04810-020
vidanova.com.br | vidanova@vidanova.com.br

Proibida a reprodução por quaisquer
meios (mecânicos, eletrônicos, xerográficos,
fotográficos, gravação, estocagem em banco de
dados, etc.), a não ser em citações breves
com indicação de fonte.

ISBN 978-85-275-0349-5

Impresso no Brasil / *Printed in Brazil*

Supervisão Editorial
Robinson Malkomes

Coordenação Editorial
Aldo Menezes

Revisão
Rogério Augusto Portella

Coordenação de Produção
Roger Luiz Malkomes

Diagramação
Sérgio Siqueira Moura

Capa
Julio Carvalho

Conteúdo

Apresentação 7
Introdução 11
1. A fundação da igreja: a era apostólica 13
2. Os pais apostólicos 23
3. A defesa da fé: inimigos internos e externos 29
4. A igreja antiga e a teologia 39
5. A igreja medieval 51
6. A igreja da Reforma 61
7. A Igreja Católica Romana responde 71
8. A igreja e a revoluçao científica 79
9. A igreja, o Iluminismo e o liberalismo teológico 87
10. A igreja e as missões modernas 95
11. A igreja e os reavivamentos na América do Norte 103
12. A igreja e a modernidade 117
    Glossário 127
    Enriqueça sua biblioteca 129

Apresentação

*Curso Vida Nova de
Teologia Básica*

Todos os cristãos precisam de teologia

Durante muito tempo a teologia esteve confinada nos círculos acadêmicos. Sua linguagem técnica e seu rigor científico impediam que o público leigo, não especializado, saboreasse a boa erudição bíblica. A parte que lhe cabia era ouvir longos sermões, quem nem sempre atingiam o coração dos ouvintes, muito menos sua mente.

A distinção entre clérigos e leigos, sem dúvida, contribuiu para o surgimento desse abismo entre a teologia e os não iniciados no saber teológico. O estudo sobre Deus e sua relação com seu povo foi se tornando cada vez mais propriedade de uma elite intelectual.

As Escrituras, no entanto, apontam outro caminho. O povo de Deus, e não apenas uma parcela desse povo (os mestres), é chamado de "sacerdócio real". Esse povo deve anunciar "as grandezas daquele que [o] chamou das trevas para sua maravilhosa luz" (1Pe 2.9). Todos estão obrigados a cumprir a Grande Comissão: fazer discípulos para o Mestre, ensinando-os a obedecer todas as coisas que ele ordenou (Mt 28.19, 20). Todos devem renovar a mente, para experimentar a "boa, agradável e perfeita vontade de Deus" (Rm 12.2). Todos devem estar preparados para "responder a todo aquele que [...] pedir a razão da esperança" que há neles (1Pe 3.15). Todos são instados a crescer não apenas na "graça", mas também "no conhecimento de nosso Senhor e Salvador Jesus Cristo" (2Pe 3.18).

A retomada do ensino bíblico do sacerdócio de todos os crentes, no entanto, não significa que Deus não tenha capacitado especialmente alguns para exercer determinados dons na igreja. O apóstolo Paulo afirma que

Deus "designou *uns* como apóstolos, *outros* como profetas, e *outros* como evangelistas, e ainda *outros* como pastores e mestres" (Ef 4.11). Esses especialmente capacitados, porém, não deviam guardar para si o depósito do conteúdo da fé. Eles tinham uma missão a cumprir:

> ... o aperfeiçoamento dos santos para a obra do ministério e para a edificação do corpo de Cristo; até que *todos* cheguemos à unidade da fé e do pleno *conhecimento* do Filho de Deus, ao estado de homem feito, à medida da estatura da plenitude de Cristo; para que não sejamos mais como crianças, inconstantes, levados ao redor por todo vento de doutrina, pela mentira dos homens, pela sua astúcia na invenção do erro; pelo contrário; seguindo a verdade em amor, cresçamos em tudo naquele que é a cabeça, Cristo.
>
> Nele *o corpo inteiro*, bem ajustado e ligado pelo auxílio de *todas as juntas*, segundo *a correta atuação de cada parte*, efetua o seu crescimento para edificação de si mesmo em amor (Ef 4.12-16).

Essas passagens bíblicas mostram claramente que a teologia deve estar a serviço de todo o povo de Deus. Mais ainda: que todo o povo de Deus deve se beneficiar de todos os campos do labor teológico. Vejamos alguns exemplos:

1. Anunciar as grandezas de Deus (1Pe 2.9) requer preparo no falar. A parte da teologia que cuida da boa transmissão oral da Palavra de Deus é a homilética, cujos princípios não se aplicam somente à preparação de sermão, mas à comunicação da Palavra de Deus como um todo.
2. Não basta fazer discípulos, é preciso ensiná-los (Mt 28.19, 20). Isso requer conhecimento das coisas de Deus (e esta é uma definição básica de teologia = estudo sobre Deus).
3. Estar preparado para "responder a todo aquele que [...] pedir a razão da esperança" que há em nós (1Pe 3.15) requer conhecimento bíblico e o exercício da "apologética" (um discurso de defesa da fé cristã bem embasado nas Escrituras).
4. Quando Pedro disse que os cristãos devem crescer "no conhecimento de [...] Jesus Cristo" (2Pe 3.18), ele estava, segundo o contexto, alertando-os a não se deixar levar pelos que "deturpam" as Escrituras (2Pe 3.14-17). Pedro também reconheceu que há passagens de difícil interpretação (v. 16). A hermenêutica é a parte da teologia que se encarrega de avaliar o sentido preciso de uma passagem bíblica, lidando com as "coisas difíceis". Bem preparados, não seremos "levados [...] por todo vento de doutrina, pela mentira dos homens, pela sua astúcia na invenção do erro" (Ef 4.14).

É evidente, portanto, que todos nós, povo de Deus, precisamos de teologia. Todos nós precisamos aprimorar diariamente nosso conhecimento

APRESENTAÇÃO

das Escrituras. Devemos ser realmente estudiosos da Palavra de Deus. E o labor teológico nos conduz a esses fins.

A importância e as vantagens do Curso Vida Nova de Teologia Básica

Edições Vida Nova reconhece o valor e a força da comunidade leiga de nossas igrejas. Nossa missão é levar conhecimento e preparo teológico a todo o povo de Deus. Pensando nessa parcela significativa de cristãos e com pleno conhecimento da necessidade do saber teológico para todos, temos o prazer de apresentar o Curso Vida Nova de Teologia Básica. Trata-se de um curso básico de teologia para leigos. Isso quer dizer que esse curso está desprovido do jargão teológico tradicional e de tecnicismos dessa área. É um curso perfeito para leitores que desejam conhecer um pouco de teologia numa linguagem informal, instrumental e não acadêmica.

O material é altamente didático e informativo. É de fácil assimilação. Os autores também se valem de perguntas para debate, que funcionam como questões de recapitulação, a fim de fixar na mente do leitor os pontos principais apresentados ao longo de cada lição. Como se diz em homilética: "A repetição é a mãe da retenção". Quanto mais recapitulamos, mais fixamos o que aprendemos. Além disso, há uma bibliografia ao mesmo tempo concisa e precisa, conduzindo o leitor a obras que poderão auxiliá-lo em seu crescimento espiritual.

Todos os cristãos desejosos de crescer no "conhecimento de nosso Senhor e Salvador Jesus Cristo" se beneficiarão desse curso. Crentes bem preparados e conhecedores da Palavra de Deus farão das escolas dominicais, dos centros de treinamento de líderes e de outros ministérios voltados para o aperfeiçoamento do corpo de Cristo um espaço agradável de estudo e reflexão das Escrituras.

O currículo básico do curso inclui os seguintes assuntos:

1. Introdução à Bíblia
2. Panorama do Antigo Testamento
3. Panorama do Novo Testamento
4. Panorama da história da igreja
5. Homilética
6. Apologética cristã
7. Teologia sistemática
8. Educação cristã
9. Filosofia
10. Aconselhamento
11. Louvor e adoração
12. Ética cristã
13. Hermenêutica

Panorama da história da igreja

Neste quarto volume da série, vamos estudar um tema empolgante e revelador: a história da igreja.

Este volume pretende fornecer respostas às seguintes indagações, entre tantas outras:

1. De que maneira o grande sistema viário romano ajudou a espalhar o evangelho?
2. Que grupos no período apostólico e pós-apostólico tentaram rivalizar com o cristianismo?
3. Por que alguns líderes cristãos foram chamados "pais da igreja"?
4. O que foram as cruzadas e quais foram os seus resultados?
5. Qual a influência de Lutero e Calvino na teologia protestante?
6. De que maneira a Reforma protestante ajudou a preparar o caminho para a revolução científica?
7. Por que podemos dizer que o Iluminismo foi um ataque à religião organizada, especialmente ao cristianismo?
8. Que fatores explicam por que as missões modernas explodiram no século 18?
9. De que maneira o darwinismo e a alta crítica desafiaram o cristianismo?
10. Que influência o pentecostalismo exerceu na história moderna da igreja?

Escrito de forma clara e concisa, este livro apresenta os principais acontecimentos envolvendo a história da igreja, com seus altos e baixos, mostrando como Deus estava presente no desenrolar desses acontecimentos. O autor, James Eckman, especialista em teologia histórica, vê a história do cristianismo muito mais do que simplesmente nomes e datas. Trata-se de ver o passado como uma animadora visão panorâmica do presente e do futuro.

Outra característica interessante: ao final de cada capítulo, o autor fornece perguntas que podem ser usadas em um debate em sala de aula ou para meditação individual, de maneira a aprofundar o tema.

Aproveite o Curso Vida Nova de Teologia Básica. Este volume mostra o valor de conhecer a igreja da história, história essa que continua em curso. Deus é o Deus da história. Nenhum dos acontecimentos envolvendo a igreja passou despercebido do Senhor. Sua soberania nunca deixou de ser exercida, e esta retrospectiva com vistas a promover o entendimento do cristianismo atual torna isso bem nítido. Mais importante ainda, a história da igreja reforça a convicção cristã de que a igreja triunfará. O fim dessa história já foi revelado nas Escrituras Sagradas.

Os Editores
Setembro de 2005

Introdução

De modo geral, a maioria dos cristãos é profundamente ignorante em relação à herança cristã. Todavia, a conscientização sobre a história da igreja de Deus pode nos ajudar a servir ao Senhor de maneira mais eficaz. Primeiramente, o conhecimento da história da igreja traz um senso de perspectiva. Muitas batalhas culturais e doutrinárias travadas atualmente não são novas e, dessa forma, podemos nos beneficiar bastante com o estudo do passado. Em segundo lugar, a história da igreja nos faz compreender mais precisamente as complexidades e a riqueza do cristianismo. Ao percebermos essa diversidade e as contribuições feitas por muitas pessoas e grupos à igreja, surgem tolerância e apreciação em relação aos grupos dos quais discordamos pessoalmente. Por fim, a história da igreja reforça a convicção cristã de que a igreja triunfará! As palavras de Jesus — "edificarei a minha igreja" — assumem um significado mais rico.

Como os títulos dos capítulos mostram, este livro aborda cronologicamente a história da igreja — *antiga*, *medieval*, *da Reforma* e *moderna*. Cada capítulo enfatiza o progresso teológico e o desenvolvimento do consenso na igreja sobre o ensino das Escrituras, além de destacar o aprimoramento institucional da igreja. Os capítulos sobre a Reforma (6 e 7) ressaltam a reestruturação e a fragmentação da igreja nos séculos 16 e 17. Não é possível entender a igreja de hoje sem esse embasamento.

Por último, os cinco últimos capítulos do livro apresentam considerações sobre a luta da igreja com o mundo moderno: darwinismo, marxismo, capitalismo industrial, antissobrenaturalismo e o desafio da pobreza têm pressionado a igreja de várias maneiras. Em grande parte, essas lutas

continuam a existir ainda hoje. Entretanto, por meio do movimento das missões modernas e dos reavivamentos, Deus continua a realizar seus propósitos redentores.

Você está prestes a iniciar um estudo empolgante. Minha oração é que este livro transforme sua vida. Espero que, ao terminar de lê-lo, você passe a apreciar mais intensamente sua esplêndida herança, além de possuir a profunda convicção de que a igreja de Cristo triunfará.

Sobre o autor

O dr. James P. Eckman é vice-presidente, deão e professor de Bíblia e história na Grace University, em Omaha (Nebraska, Estados Unidos). É bacharel em sociologia pela Millersville University, na Pensilvânia, mestre em administração pela Lehigh University, mestre em teologia pelo Dallas Theological Seminary e Ph.D. pela University of Nebraska. Durante seus estudos no Dallas Theological Seminary, recebeu o Prêmio Charles A. Nash de Teologia Histórica. Ministro religioso ordenado, a especialidade do dr. Eckman é teologia histórica, com ênfase na igreja americana e no reavivamentismo. Além de apresentar um programa semanal de rádio, ele também apresenta monólogos dramáticos baseados em personagens da história da igreja como Agostinho, Martinho Lutero, João Calvino e Jonathan Edwards. É casado e pai de dois filhos.

A fundação da igreja: a era apostólica

Vindo, porém, a plenitude do tempo, Deus enviou seu Filho...
Paulo, apóstolo (Gálatas 4.4)

O apóstolo Paulo escreveu o seguinte em Gálatas 4.4: "Vindo, porém, a plenitude do tempo, Deus enviou seu Filho". Paulo percebeu que o primeiro século foi um período singular na história, o momento preciso da entrada do Filho de Deus na história humana.

Diferentemente de qualquer período anterior, o mundo mediterrâneo estava unido. Por toda aquela região, os exércitos imperiais de Roma mantinham a paz forçada — a famosa *Pax Romana* (30 a.C.-180 d.C.). Enquanto os exércitos protegiam o império dos ladrões e dos piratas, o comércio florescia na terra e no mar. O resultado disso foi prosperidade e riqueza. Roma trouxe estabilidade e ordem às suas cidades, com alimentação e jogos públicos às expensas dos impostos pagos pelos cidadãos.

As estradas romanas forneceram a infraestrutura que permitiu a interligação de todo o império. Em decorrência disso, o exército podia estar em qualquer ponto necessário no espaço de até duas semanas. As comunicações feitas pelo imperador viajavam com velocidade jamais vista em períodos anteriores. Pela providência divina, a igreja primitiva também se valeu dessa rede de comunicação para espalhar o evangelho.

Enquanto se movia com facilidade por todo o domínio, o exército imperial levava a cabo as ordens de César com eficiência e disciplina. Porém o evangelho também alcançou o exército. Paulo, por exemplo, fala de crentes na guarda pretoriana, a força de elite mais próxima do imperador (Fp 1.13). Pela instrumentalidade de soldados romanos, o cristianismo chegou à Bretanha. O impacto do cristianismo sobre o exército foi tão grande que um historiador declarou que o exército romano teve um papel importante "na propagação do Evangelho".[1]

O mundo romano também era o mundo grego. Roma conquistara militarmente os gregos, mas em vários aspectos intelectuais os gregos conquistaram Roma. A língua comum daquele tempo era o grego coiné, o idioma espalhado por todo o império por Alexandre, o Grande. Essa foi a língua, escolhida pela soberania divina, para a revelação do Novo Testamento. Além disso, a filosofia grega influenciou fortemente o modo de pensar do mundo romano. Os filósofos gregos queriam conhecer a verdade e o lugar dos seres humanos no universo. À despeito das variações na filosofia grega, a maioria de seus filósofos compartilhava a crença na existência de um reino além do mundo físico, chamado o domínio do transcendente. O cristianismo aproveitou-se dessa fome pela verdade e pela realidade metafísica. Isso pôde ser visto em várias situações na vida de Paulo — como no encontro com os filósofos registrado em Atos 17 e na apresentação de Jesus em Colossenses 1 — além da argumentação filosófica de João no evangelho e na Primeira epístola. O mundo greco-romano estava intelectualmente "configurado" para receber o evangelho.

A alegria e a ansiedade religiosas pulsavam no mundo romano. Josefo, historiador judeu do primeiro século, falava dos cultos orientais, dos falsos messias e do fervor religioso que permeava o império. Muitos em Israel imaginavam a chegada iminente do Messias. Os zelotes queriam começar uma revolução contra Roma. Os essênios queriam um profeta de luz para acabar com as trevas do mal. Os fariseus queriam um líder nacionalista que restaurasse a lei e libertasse Israel do jugo romano.

Além disso, depois do exílio dos judeus (séculos antes) e da subsequente diáspora (a migração dos judeus por todo o Império Romano), as sinagogas passaram a representar a presença judaica nas principais cidades. Sempre que entrava numa cidade, Paulo levava a mensagem do evangelho primeiramente aos judeus na sinagoga. Depois disso ele ia falar com os gentios.

---

1. Earle E. CAIRNS. *O cristianismo através dos séculos*. São Paulo: Vida Nova, 1995, p. 30.

OS LÍDERES DA IGREJA APOSTÓLICA

Pedro

O Pentecostes (ocorrido cinquenta dias depois da crucificação e dez depois da ascensão de Cristo) marca o nascimento da igreja. O milagre das línguas, quando o Espírito encheu 120 crentes que estavam esperando e orando, causou grande sensação. Alguns observadores acusaram os cristãos de embriaguez. Nesse momento, Pedro surge como porta-voz da igreja primitiva.

Pedro é o personagem principal dos primeiros quinze capítulos de Atos. Por ter sido o primeiro entre os Doze a ver o Cristo ressurreto, ele surge como líder da pequena comunidade de crentes antes de Pentecostes (At 1.15). Ele até mesmo insistiu em que Judas Iscariotes fosse substituído.

Em Pentecostes, ele pregou um sermão inspirado pelo Espírito resultando em três mil conversões. Pedro ultrapassou os limites do judaísmo exclusivista ao falar sobre Jesus, afirmando: "... não há salvação em nenhum outro; porque abaixo do céu não existe nenhum outro nome, dado entre os homens, pelo qual importa que sejamos salvos" (At 4.12). Ele realizou milagres, desafiou as autoridades de Jerusalém, disciplinou Ananias e Safira e estabeleceu diáconos como auxiliares para que os apóstolos pudessem estudar e pregar. Apesar de seu deslize em Antioquia, quando se afastou da comunhão com os gentios convertidos (Gl 2.14), Pedro defendeu a expansão do evangelho no mundo gentílico.

Como o orador que levou o Concílio de Jerusalém (49 d.C.) a tomar uma decisão (At 15), Pedro defendeu brilhantemente a recepção da igreja gentílica. Depois do concílio, o livro de Atos silencia em relação a Pedro: não há como relatar com precisão quais foram suas atividades. Contudo, podemos ser definitivos quanto à defesa de sua autoria de 1 e 2Pedro.

Será que Pedro foi o fundador da igreja de Roma, seu primeiro bispo e, consequentemente, o primeiro papa? Evidências incompletas apontam para um trabalho missionário realizado por ele em Antioquia e, mais tarde, em Roma, mas não existem evidências de que tenha sido bispo de Roma ou permanecido muito tempo naquela cidade. O fato é que estudos recentes mostraram que a igreja tinha uma estrutura presbiteriana no segundo século e bastante descentralizada no século quarto. É difícil afirmar que Roma foi o centro eclesiástico — quanto mais teológico — da igreja cristã primitiva. Na melhor das hipóteses, foi apenas um lugar de honra.

O fim da vida de Pedro está envolto pela tradição. A melhor evidência afirma sua morte como mártir durante as perseguições de Nero, por volta de 68 d.C. O livro apócrifo *Atos de Pedro* afirma que ele morreu crucificado de cabeça para baixo numa cruz romana. A questão de ele ter sido crucificado se encaixaria com as palavras de Cristo em João 21.18,19. Simplesmente não é possível ter certeza quanto ao restante da tradição.

João

Uma das "colunas" da igreja de Jerusalém (Gl 2.9), João, irmão de Tiago e filho de Zebedeu, era colega de trabalho de Pedro (At 1.13; 3.1—4.23; 8.14-25). Juntos, curaram e pregaram em nome de Jesus, o Messias. Quando lhes era ordenado parar, obedeciam a Deus em vez de aos homens. Ao impor as mãos sobre os novos convertidos samaritanos, Pedro e João exerceram a supervisão geral sobre a florescente igreja de Samaria. Embora seja provável que ele tenha estado no Concílio de Jerusalém de Atos 15, seu nome não aparece em Atos depois do martírio de seu irmão Tiago (At 12.1-2). Entretanto, sabemos quando ele deixou Jerusalém.

Apocalipse narra o exílio de João, provavelmente no início da década de 90, pelo imperador romano Domiciano, mandado para Patmos por pregar a Palavra de Deus e pelo "testemunho de Jesus" (1.9). Ali, João registrou suas visões, as quais constituem o arcabouço para a compreensão dos acontecimentos que cercam a segunda vinda de Cristo. Ao que parece, o imperador Nerva libertou João do exílio entre 96 e 98 d.C.

Depois do exílio, a evidência mais confiável coloca João em Éfeso, onde, depois de viver até idade avançada, morreu de morte natural. Ali treinou discípulos — Policarpo, Pápias e Inácio — todos líderes estratégicos da igreja do segundo século. O fato é que seu papel de mentor pode dar significado ao título autoconferido de "presbítero", presente na abertura de 2 e 3João.

Seus escritos foram a mais significativa contribuição de João à igreja. Seu evangelho é singular. Somente 8% dele têm relação com os evangelhos sinóticos de Mateus, Marcos e Lucas; os 92% restantes são informações exclusivas. Mais excepcional é seu ensinamento sobre a divindade de Cristo. Jesus é o *Logos* eterno (1.1-18), o grande "Eu Sou" (8.58).

Do mesmo modo, João dá ênfase ao Espírito, principalmente no discurso do cenáculo (14—16). Ali Jesus pediu ao Pai que enviasse outro Consolador para habitar nos crentes, ensinar-lhes a verdade e capacitá-los a lembrar de tudo, bem como convencer o mundo do pecado, da justiça e do juízo. O Espírito regenera (3.6) e traz satisfação aos que crêem em Jesus (7.37-39).

Paulo

Outro importante líder da igreja apostólica foi Paulo. Nele encontram-se três grandes tradições da antiguidade. Em termos religiosos, ele era judeu; culturalmente, grego; e, politicamente, romano. Nasceu em Tarso, cidade universitária de porte e a principal cidade da província da Cilícia. Paulo compreendia a herança judaica em termos da aliança abraâmica (Fp 3.5-6). É possível que seus pais tenham-lhe dado o nome de Saulo em referência a Saul, o primeiro rei de Israel, também da tribo de Benjamim. Paulo foi instruído no farisaísmo na escola rabínica de Jerusalém, dirigida por Gamaliel (At 22.3; Fp 3.5). Sua familiaridade com escritores gregos (At 17.28;

1Co 15.33; Tt 1.12) e o uso da argumentação grega (Rm 2.1—3.20; Cl 1.15-20) sugerem uma influência greco-romana.

Os fariseus não eram particularmente tolerantes em relação a novos movimentos religiosos. Desse modo, quando os "que eram do Caminho" chegaram a Damasco (At 9.1-2), o rabino Saulo não teve dificuldades em aceitar o encargo do sumo sacerdote de extraditar judeus cristãos para Jerusalém. No caminho para aquela cidade, ele teve um encontro com o Messias ressurreto.

Cerca de treze anos separam a conversão de Paulo de sua primeira viagem missionária (48 d.C.). Paulo afirmava ser *o* missionário aos gentios. As viagens missionárias documentadas por Lucas em Atos confirmam isso. A primeira delas é provavelmente a que provocou mais controvérsia.

Naquela viagem (At 13—14), Paulo e Barnabé evangelizaram Chipre e a parte sul da Galácia. À medida que as igrejas dos gentios floresceram, duas perguntas fundamentais surgiram: Qual era o relacionamento entre o cristianismo e o judaísmo? De que maneira uma pessoa é justificada? Um grupo judaizante proveniente da Judeia insistia na necessidade da circuncisão para a salvação — o que contradizia o evangelho da graça que Paulo pregava. A consequência foi o Concílio de Jerusalém registrado em Atos 15.

O concílio confirmou a doutrina da graça pregada por Paulo, adicionando apenas que os gentios convertidos se abstivessem de determinadas práticas. Assim, a igreja-mãe confirmava o ministério paulino da justificação pela fé e nada mais! Logo após o concílio, Paulo embarcou em mais duas viagens missionárias, registradas em Atos 15.26—21.16.

Depois dessas viagens, Paulo foi a Jerusalém para relatar a Tiago e aos presbíteros as atividades nas igrejas dos gentios. Ali, em decorrência de acusações forjadas, as autoridades romanas o prenderam. Nos dois anos seguintes, Paulo ficou preso em Cesareia e foi submetido a julgamento pelo procurador romano Félix, por seu sucessor Pórcio Festo e por Herodes Agripa II, o rei nominal dos judeus. Declarando sua cidadania romana, Paulo apelou a César e foi para Roma, onde permaneceu em prisão domiciliar.

Por causa da dificuldade para determinar com exatidão a cronologia e os nomes dos lugares mencionados nas Epístolas Pastorais (1 e 2Tm e Tt), parece melhor aceitar a hipótese de que Paulo foi libertado e que ministrou durante mais seis anos (62-67). Alguns estudiosos sugerem até mesmo que Paulo não apenas ministrou na Ásia Menor e na Grécia, como alcançou a Espanha antes de ser preso no auge da perseguição ordenada por Nero. É bastante provável que ele tenha sido decapitado na primavera de 68 d.C.

MULHERES IMPORTANTES DO NOVO TESTAMENTO

As Escrituras declaram a igualdade de homens e mulheres, ambos criados à imagem de Deus (Gn 1.26-27) e detentores da mesma posição

em Cristo (Gl 3.28). Embora a Bíblia proclame a igualdade entre os sexos, ela também defende as diferenças funcionais (dos papéis desempenhados) no lar (Ef 5.22-33; Cl 3.18-19) e na igreja (1Co 11.2-16; 14.33-36; 1Tm 2.8-15; 3.1-13; 5.1-25; Tt 1.6-9). Independentemente do significado preciso e das aplicações dessas passagens paulinas tão importantes, o fato é que a história da igreja testemunha o número extraordinário de mulheres na igreja primitiva.

O evangelho foi uma força libertadora no mundo antigo, desafiando velhas tradições enraizadas no preconceito humano. Essas foram gradualmente desaparecendo. Desprezo, discriminação e referências degradantes não raro caracterizavam os ensinamentos rabínicos sobre as mulheres. Os rabinos, por exemplo, eram incentivados a não ministrar ensinamentos religiosos às mulheres e a nem mesmo falar com elas. De acordo com a tradição judaica, as mulheres jamais poderiam ser incluídas na contagem do *quorum* para o funcionamento das sinagogas. Mas Lucas citou homens e mulheres batizados e perseguidos, que contribuíram para o crescimento da igreja (At 5.14; 8.12; 9.2; 17.4, 12).

Mulheres nos dias de Jesus

O desafio às antigas tradições começou no ministério terreno de Jesus — no qual as mulheres desempenharam papel significativo. Muitas mulheres apoiaram financeiramente o ministério de Jesus e dos discípulos, além de terem ministrado a ele pessoalmente (Mt 27.55-56; Mc 15.40-41; Lc 8.3). Os evangelhos descrevem com normalidade Maria, irmã de Marta, sentada aos pés de Jesus — honra normalmente reservada aos homens. Várias mulheres tiveram a importante distinção de proclamar as notícias sobre a ressurreição de Jesus — honra bastante notável à luz dos ensinamentos judaicos severos sobre a validade de um testemunho.

As mulheres não estavam apenas envolvidas no ministério de Jesus, mas também participaram dos acontecimentos em Pentecostes (At 1.14). Uma vez que a narrativa dos acontecimentos no cenáculo tem continuidade em Atos 2, devemos presumir que as mulheres presentes foram do mesmo modo cheias do Espírito Santo em Pentecostes (2.1-4).

Mulheres na igreja primitiva

Atos também nos oferece relatos de mulheres desempenhando papéis ativos no ministério da igreja primitiva. Dorcas (Tabita) foi a única mulher do Novo Testamento a ser chamada "discípula" (9.36). Sua morte causou grande agitação em Jope, levando os discípulos a insistir com Pedro em que viesse até eles, pois estava ali perto, em Lida. Pedro orou e Dorcas foi ressuscitada! Maria de Jerusalém, mãe de João Marcos (12.12), era uma rica viúva cuja casa tornou-se um ponto de encontro vital da igreja de

Jerusalém. Foi ali que a jovem igreja encontrou refúgio e segurança durante a intensa perseguição de Herodes Agripa. Lídia, uma comerciante rica (e aparentemente a primeira convertida de Paulo na Europa), abriu seu lar para Paulo e Silas (16.14-15).

Mas a igreja primitiva não limitava as mulheres ao ministério não verbal. Uma das mulheres mais notáveis do Novo Testamento foi Priscila (ou Prisca). Ela e seu marido, Áquila, alguns dos primeiros convertidos à fé, foram banidos de Roma. Eles se tornaram amigos íntimos de Paulo, com quem compartilhavam a hospitalidade e a profissão de fazedores de tendas (At 18.1-3). De alguma maneira, haviam arriscado a vida a favor de Paulo (Rm 16.3-5), talvez ao mesmo tempo despertavam a consciência do apóstolo sobre o crescimento da igreja de Roma. Mais significativo foi o fato de Priscila e Áquila terem tomado Apolo, o eloquente pregador natural de Alexandria, "e, com mais exatidão, lhe expuseram o caminho de Deus" (At 18.26). Obviamente Priscila conhecia a verdade bíblica e podia explicá-la com clareza. O fato de o ministério desse casal ser bem conhecido e difundido é evidenciado pelas frequentes referências feitas aos dois nos textos de Paulo (Rm 16.3; 1Co 16.19; 2Tm 4.19). A tradição afirma que Priscila foi martirizada em Roma.

Outra mulher de grande importância no Novo Testamento foi Febe (Rm 16.1-2). Provavelmente, por ter sido portadora da carta de Paulo aos crentes de Roma, o apóstolo a recomende à igreja romana, pedindo que a recebam "no Senhor como convém aos santos" e que a ajudem "em tudo que de vós vier a precisar". Ele também se refere a ela como sua "protetora", deixando claramente implícitas suas funções ativas e importantes na igreja. Estaria ela, portanto, representando Paulo com algum poder oficial, talvez como "diaconisa" (a "que está servindo", v. 1), como alguns têm defendido? Com base nesses dois versículos é impossível ter plena certeza de sua posição de autoridade na igreja de Cencreia. Contudo, está claro que Febe era suficientemente importante para que Paulo mudasse seu costume para destacá-la e pedir que a igreja de Roma cuidasse bem dela.

Duas passagens mostram que mulheres agiram como profetisas na igreja primitiva. O texto de Atos 21.9 apresenta Filipe, o evangelista, como pai de quatro filhas "que profetizavam". Diante das instruções de Paulo em 1Coríntios 11.5, parece que as filhas de Filipe não eram exceção, pois as orientações paulinas para que as mulheres cobrissem a cabeça aparecem no contexto da mulher que "ora ou profetiza" no culto de adoração. Qualquer que seja a natureza desses ministérios, as mulheres capacitadas pelo Espírito Santo exerciam notáveis responsabilidades na igreja primitiva.

Outras mulheres desempenharam papéis ministeriais importantes no Novo Testamento. Evódia e Síntique (Fp 4.2-3) foram identificadas como "cooperadoras" de Paulo, uma notável designação quando se pensa que Paulo também se referiu a Tito e a Timóteo como "cooperadores".

Paulo também classificou Andrônico e Júnias (ou Júnia) — provavelmente marido e mulher — como "notáveis entre os apóstolos" (Rm 16.7), o que muito provavelmente é referência ao papel designado a eles pela igreja de Roma para realizar tarefas especiais, e não para o ofício de apóstolo encontrado no Novo Testamento. Por último, na lista de "cooperadores" de Romanos 16, dez das 29 pessoas citadas por Paulo eram mulheres.

Assim, vemos que as mulheres desempenharam papel decisivo nos primórdios do cristianismo. Seu trabalho tanto complementava as tarefas dos homens quanto envolvia algumas responsabilidades de liderança. Embora não existam exemplos formais registrados de mulheres evangelistas, presbíteras ou professoras das verdades bíblicas, sua função era vibrante e fundamental para o progresso constante do evangelho — um testemunho incontestável do poder libertador de Jesus Cristo.

Com a morte de Pedro, Paulo e João, o papel da liderança passou para uma nova geração — os pais apostólicos. Eles se colocaram sobre os ombros dos gigantes, mas sua teologia não foi muito desenvolvida. Abordaremos essa história no próximo capítulo.

PERGUNTAS PARA DEBATE

1. O que foi a *Pax Romana* e quais foram algumas de suas características?

2. De que maneira o grande sistema viário romano ajudou a espalhar o evangelho?

3. Cite algumas das importantes contribuições da filosofia grega para o estabelecimento do mundo romano.

4. Quais eram alguns grupos do judaísmo do primeiro século e suas expectativas?

5. Liste algumas contribuições decisivas feitas por Pedro, Paulo e João à igreja apostólica.

6. De acordo com o Novo Testamento, que papéis as mulheres desenvolviam na igreja primitiva?

ANOTAÇÕES

Os pais apostólicos

O teste da doutrina de alguém é seguir o bispo. O ofício episcopal procede de Deus, e não dos homens. Os cristãos devem respeitá-lo como respeitam a Deus, o Pai.

Inácio de Antioquia, *Epístola aos efésios*

Com a morte dos apóstolos, o final do primeiro século presenciou um vácuo na liderança da igreja. Quem detinha autoridade para liderar os crentes? Quem guiaria e guardaria esta nova e florescente fé cristã? Um grupo genericamente denominado "pais da igreja" ocupou esse espaço.

Na condição de termo de afeição e estima, a expressão "pai" era geralmente concedida a líderes espirituais da igreja (conhecidos por presbíteros ou bispos). Os "pais" podem ser divididos em três grupos: pais apostólicos (95-150 d.C.), apologistas (150-300) e teólogos (300-600). Os textos produzidos pelos pais apostólicos eram geralmente de natureza devocional e de edificação; os apologistas produziram literatura para a defesa da fé e o ataque ao erro; os teólogos começaram a produzir a teologia sistemática. Os capítulos a seguir abordarão esses grupos.

Este capítulo se concentra nos pais apostólicos, indivíduos que escreveram literatura cristã e constituíram a liderança da igreja de 95 a 150 d.C. Seus escritos refletiam um profundo compromisso com o Antigo Testamento e a compreensão de que a nova fé cristã era o cumprimento do Antigo Testamento. Portanto, existe pouca reflexão teológica ou análise doutrinária por parte dos pais apostólicos. Seu desejo era edificar os santos, exortá-los e dar-lhes a esperança necessária para perseverar. Podemos descrever melhor sua obra como devocional, piedosa (estímulo à vida santa) e pastoral.

Os pais apostólicos serviram e lideraram uma igreja crescente em número e zelo. Essa realidade exigia aconselhamento, orientação e instrução prática para o crescimento espiritual e para a ação tanto dos cristãos, individualmente, quanto para as igrejas, como corpo. Desse modo, os escritos dos pais apostólicos muitas vezes glorificavam o martírio e o celibato, além de destacarem a importância do batismo com expressões bastante desconfortáveis para os evangélicos modernos. Mas o tempo no qual escreveram, os primeiros 50 anos do segundo século, caracterizam o esforço da igreja para como viver de maneira obediente e para estruturar a igreja numa cultura predominantemente pagã.

CLEMENTE DE ROMA

Como bispo (ou presbítero) de Roma, Clemente (30-100 d.C.) recebeu a responsabilidade de lidar com uma grande perturbação na cidade de Corinto. A igreja de Corinto sofria divisão e amargura, o mesmo que acontecia quando Paulo escreveu à igreja, quarenta anos antes. Portanto, Clemente exortou os coríntios a exercer amor, paciência e humildade como peça fundamental para desenvolver relacionamentos interpessoais cristãos sadios. Ele também enfatizou a obediência à liderança da igreja como algo essencial para a harmonia da igreja e para a unidade desesperadamente necessária.

Essa carta de Clemente aos coríntios é extremamente importante pelo fato de ser o mais antigo exemplar de literatura cristã fora do Novo Testamento. Nela citou o Antigo Testamento com tanta frequência que podemos perceber imediatamente o quanto a igreja primitiva dependia da autoridade veterotestamentária. Suas muitas alusões aos escritos e à vida de Paulo também mostram quão disseminada era a influência do apóstolo. Em último lugar, ao exigir obediência à liderança da igreja, Clemente argumentou que os presbíteros haviam recebido a autoridade dos apóstolos, os quais receberam autoridade de Cristo. Com o passar dos séculos seguintes, a igreja decisivamente expandiu essa ideia de sucessão.

INÁCIO

Em razão do seu martírio, Inácio é considerado um gigante entre os pais da igreja primitiva. Bispo de Antioquia, na Síria, foi preso pelas autoridades romanas por causa de seu testemunho cristão. Enquanto se dirigia para Roma a fim de ser executado, Inácio visitou várias cidades no caminho.

Suas cartas subsequentes àquelas sete igrejas, escritas por volta do ano 110 d.C., afirmavam os temas interligados da heresia e da unidade. A heresia mencionada por ele era uma forma primitiva do ensinamento gnóstico (v. o próximo capítulo) que negava a humanidade plena de Jesus. Por causa disso, Inácio argumentava que a melhor defesa contra essa heresia, bem como a principal garantia de unidade, era a figura do bispo.

Ao exigir submissão ao bispo, Inácio revelou uma sutil mudança no desenvolvimento da igreja primitiva. Os documentos do Novo Testamento mostram uma pluralidade de líderes eclesiásticos no primeiro século, principalmente presbíteros e diáconos. Contudo, o crescimento da igreja no império exigiu maior grau de autoridade e superintendência sobre as igrejas locais. Aparentemente é por isso que Inácio instou presbíteros e diáconos das sete igrejas à submissão ao bispo que exerceria o papel de coordenação e governo sobre as igrejas locais. Desse modo, ele afirmava, era necessário combater os falsos ensinamentos e difundir a unidade entre as igrejas. As gerações seguintes de líderes eclesiásticos expandiram o ofício do bispo.

O PASTOR, DE HERMAS

Escrita por volta do ano 150 d.C. por um escravo liberto, *O pastor*, de Hermas, é uma obra bastante grotesca, composta de cinco visões que seguem de alguma forma o padrão de João em Apocalipse. De maneira bastante detalhada e valendo-se de experiências pessoais e de sua família, Hermas descreve os males da civilização decadente. O arrependimento e o chamado à vida santa predominam na obra.

POLICARPO

Discípulo do apóstolo João e bispo de Esmirna, Policarpo escreveu uma importante carta à igreja de Filipos por volta do ano 110 d.C. O valor dessa carta, além das citações constantes do Antigo Testamento, reside na dependência de muitos dos livros do Novo Testamento que já estavam em circulação, especialmente os escritos por Paulo. Essa carta mostra que a igreja primitiva, do segundo século, considerava os livros do Novo Testamento a autoridade para convocar os cristãos à vida santa.

O martírio de Policarpo, ocorrido em 155, quanto contava 86 anos, é ainda uma das maiores narrativas da igreja primitiva. Durante seu julgamento, ele não fez nada para provocar os acusadores, mas defendeu apaixonadamente Jesus Cristo como seu Senhor. Morreu queimado numa estaca, rendendo louvores a seu Senhor. Venerado por vários séculos como o mártir ideal, Policarpo ilustra a verdade afirmada pelo apologista Tertuliano que, tempos depois, disse que "o sangue dos mártires é a semente da igreja".

DIDAQUÊ

Um dos mais significativos escritos da igreja primitiva é o *Didaquê*, ou *O ensino dos Doze*. Escrito provavelmente na primeira década do segundo século como manual para a igreja, o *Didaquê* apresenta um notável retrato da vida da igreja primitiva. O manual dá conselhos sobre como realizar batismos, conduzir cultos de adoração e a ceia do Senhor, além da maneira de exercer disciplina na igreja. Do mesmo modo, o livro fornece conselhos valiosos sobre a detecção de falsos ensinamentos na igreja. A parte final do manual exorta os cristãos a viver de forma santa à luz da segunda vinda de Jesus.

Outros escritos dos pais apostólicos também sobreviveram e cada um deles reflete os temas resumidos neste capítulo. Contudo, por volta do ano 150, uma significativa mudança ocorreu nos escritos dos líderes eclesiásticos. É fácil notar o estilo mais apologético à medida que os líderes combatem erros teológicos crescentes na igreja. Essa mudança marca o início do segundo grupo de pais da igreja, conhecido por apologistas, o assunto no próximo capítulo.

PERGUNTAS PARA DEBATE

1. Resuma as razões pelas quais a igreja usou o termo "pai" ao referir-se aos primeiros líderes.

2. Quais os três principais períodos cronológicos dos pais da igreja?

3. Cite três características dos escritos dos pais apostólicos.

4. De acordo com Inácio, o que se considerava a melhor defesa contra as heresias e maior promotor da unidade? Por que ele disse isso?

ANOTAÇÕES

A defesa da fé: inimigos internos e externos

O sangue dos mártires é a semente da igreja.
Tertuliano

Defender a verdade cristã sempre foi uma atitude da maior importância na história da igreja. Uma vez que a igreja entrava no segundo século, essa necessidade tornou-se cada vez mais aguda, pois o erro sobejava dentro e fora da igreja. Desse modo, Deus levantou um grupo de indivíduos — os apologistas — para defender a fé cristã e, ao fazer isso, levaram a igreja à verdade teológica mais profunda. O erro forçou a igreja a pensar com mais precisão sobre suas crenças e a chegar ao consenso sobre os ensinos das Escrituras.

A maior parte do erro era uma mistura rudimentar de filosofia grega, judaísmo e outras crenças orientais que atacavam as doutrinas cristãs sobre Jesus Cristo e sua obra. Os incrédulos muitas vezes caracterizavam os cristãos como ateus, canibais ou pessoas imorais. A primeira crítica surgiu porque os cristãos se recusavam a adorar o imperador ou os deuses greco-romanos. A segunda acusação resultou da interpretação errônea da ceia do Senhor e a terceira deve-se à falta de entendimento a respeito do amor demonstrado na igreja primitiva.

HERESIAS DE FORA DA IGREJA

Gnosticismo

Nenhuma heresia ameaçou mais o cristianismo primitivo que o gnosticismo. Alcançando o apogeu no segundo século, o gnosticismo originou-se, na verdade, cerca de um século antes. Em seu cerne, essa filosofia era um conceito dualista da realidade. O mundo material e o mundo imaterial eram totalmente separados; entretanto, o material é intrinsecamente mau, e o imaterial, bom. Para os gnósticos, era inconcebível que o Deus bondoso pudesse ter criado o mundo material, naturalmente maligno. Desse modo, eles afirmavam que uma fagulha divina — ou emanação de Deus — havia criado o universo físico. Era igualmente difícil para os gnósticos acreditar que Jesus pudesse ter tido corpo físico. Muitos gnósticos argumentavam que Jesus aparentemente possuía um corpo físico.

Esses ensinamentos eram parte de um conjunto especial de doutrinas chamado *gnose*, considerado necessário para a salvação. Esse conhecimento especial era concedido por Deus apenas a uma pequena elite. Pelo fato de apenas a alma ser boa, a salvação era puramente espiritual: o gnosticismo não abria espaço para a ressurreição do corpo. O cerne do cristianismo estava em jogo!

Maniqueísmo

Primo bizarro do gnosticismo, o maniqueísmo também se baseava no dualismo. Seguindo os ensinamentos de Mani (216-76), essa filosofia anunciava que duas forças opostas, luz e trevas, estavam em eterno combate. A salvação era alcançada pelos filhos da luz mediante a vida de autonegação e celibato.

Neoplatonismo

Construído sobre os ensinamentos de Platão, esse desafio altamente místico lançado contra o cristianismo ensinava que o objetivo de todos os seres humanos era a reabsorção na essência divina. A reabsorção era realizada mediante vários processos, incluindo-se meditação, contemplação e outras disciplinas místicas. A salvação era puramente espiritual e separada de Jesus, sem cruz e sem expiação.

ERROS DENTRO DA IGREJA

Marcionismo

Marcião foi um herege do segundo século que estabeleceu uma vibrante igreja rival em Roma. Ele defendia a existência de dois deuses — o

Criador e o Redentor. O primeiro era o deus do Antigo Testamento, mau e caprichoso. O segundo era o deus amoroso e redentor, revelado por Jesus Cristo.

Por causa desse conceito sobre Deus, Marcião também desenvolveu o próprio cânon das Escrituras. Ele rejeitava totalmente o Antigo Testamento por causa da descrição que ele fazia de Deus. Do mesmo modo, Marcião repudiava os segmentos principais do Novo Testamento, aceitando apenas porções do evangelho de Lucas e dez epístolas de Paulo. Marcião opinava que todos os outros livros possuíam um viés judaico e veterotestamentário.

As ideias desse homem tornaram-se venenosas para a igreja primitiva. Por ser rico e influente, Marcião valeu-se dessas características para estabelecer uma igreja rival em Roma que, na verdade, durou por vários séculos. Entretanto, Deus, em sua soberania, usou a influência de Marcião de forma positiva, forçando a igreja a pensar com mais cuidado, e de maneira mais sistemática, sobre a natureza da Trindade e sobre o cânon das Escrituras.

Ebionismo

Esse estranho movimento surgiu no final do primeiro século e continuou até o quarto. Em muitos aspectos, o ebionismo relembrava o falso ensinamento abordado por Paulo na carta aos gálatas. O ebionismo ensinava que Jesus era o sucessor profético de Moisés, não a segunda e eterna pessoa da Trindade. Além do mais, os ebionitas eram legalistas que viam Jesus como um homem nobre que cumprira perfeitamente a lei. Em razão do dualismo, eles eram ascetas, viviam na pobreza, praticavam a autonegação e implementavam rituais elaborados. Legalistas até a medula, os ebionitas desafiaram o evangelho cristão da graça.

Montanismo

Iniciado por Montano, esse movimento teve seu centro na Frígia (atual Turquia) no segundo século. Um ponto fundamental do montanismo era a revelação — a "Nova Profecia" — de que a vinda de Cristo estava próxima. A obediência ao paracleto (o Espírito Santo) por meio de seu mensageiro — Montano — era o padrão. O uso de dons e de sinais como evidência da unção para a segunda vinda de Cristo era fundamental para o movimento. Eles também defendiam um rígido ascetismo que incluía o celibato e jejuns prolongados. Os montanistas desafiaram a autoridade dos oficiais da igreja e se colocaram à parte do cânon do Novo Testamento, que estava em desenvolvimento. Por essas razões, a igreja condenou os montanistas. A contribuição do movimento montanista foi sua ação ter forçado a igreja a pensar de maneira mais precisa sobre o papel do Espírito Santo no cristianismo.

AS PERSEGUIÇÕES IMPERIAIS

Nas primeiras décadas da igreja, o Império Romano considerava o cristianismo uma seita do judaísmo e, de maneira geral, deixou-o em paz. Contudo, com o crescimento da igreja, essa política mudou. César Nero perseguiu impiedosamente os cristãos no final da década de 60. Mas a primeira perseguição a abranger todo o império só aconteceu no reinado de Décio, no ano 250 d.C., quando ele tentou impor os sacrifícios aos deuses romanos.

As mais impiedosas perseguições aconteceram sob o governo do imperador Diocleciano, no início dos anos 300. Ele ordenou a destruição de edifícios religiosos, a queima das Escrituras, a proibição de reuniões religiosas e o aprisionamento de cristãos. Mais tarde, o imperador fez com que a recusa à realização do sacrifício aos deuses se tornasse um crime passível de pena de morte.

O aumento da perseguição forçou a igreja a determinar o que era realmente importante. Os membros da igreja estavam dispostos a morrer pelo quê? Por quais escritos sagrados os membros estavam dispostos a sacrificar-se? Os apologistas procuraram fornecer as respostas a essas perguntas.

PRINCIPAIS APOLOGISTAS E SEUS ESCRITOS

Justino Mártir

Justino nasceu por volta de 100 d.C. na cidade bíblica de Siquém, na Samaria. Extremamente bem instruído para os padrões de seus dias, Justino flertou com todas as filosofias populares, partindo dos estoicos e chegando até Platão e Aristóteles. Ele até mesmo se dedicou, por um tempo, à filosofia do matemático Pitágoras.

Contudo, como ele mesmo explicou no livro *Diálogo com Trifão*, sua busca pela verdade terminou no momento em que, enquanto caminhava pela praia próxima a Éfeso, ele se encontrou com um presbítero cristão que o incentivou a ler as Escrituras. Ele ficou profundamente impressionado com a correspondência entre as profecias do Antigo Testamento e seu cumprimento em Jesus Cristo. Aos 33 anos, Justino abraçou a fé cristã.

Justino continuou a buscar a verdade filosófica, mas, desta vez, através da malha da verdade revelada nas Escrituras. Embora tenha fundado uma escola cristã em Roma, seu ministério foi em grande parte itinerante, apresentando a posição filosófica superior do cristianismo. Somente essa fé poderia produzir a vida equilibrada e nobre buscada pelos antigos na filosofia grega.

Por meio desse ministério, Justino reuniu muitos discípulos, entre os quais Taciano, outro famoso apologista. Ele também contendeu com Marcião. Justino condenou como heresia o conceito de Marcião sobre Deus e defendeu o Antigo Testamento como Palavra de Deus. Ao demonstrar a continuidade dos dois testamentos, Justino citava ou fazia alusão aos quatro evangelhos, a Atos, a oito epístolas de Paulo e a 1Pedro. Sua defesa da integridade da Palavra de Deus era crucial para a convicção que se desenvolvia em relação à autoridade do Novo Testamento.

Contudo, o maior legado de Justino foram seus escritos. Ele escreveu duas *Apologias* e o tocante *Diálogo com Trifão*. As duas *Apologias* foram dirigidas ao governo romano e oferecem uma brilhante defesa do cristianismo como muito superior a qualquer religião ou filosofia pagã. A obra também objetivava atacar o que ele considerava uma percepção completamente injusta dos cristãos.

Sua obra *Diálogo com Trifão* é essencialmente a narrativa da conversa entre Justino e Trifão, um judeu instruído que estava imerso na filosofia grega. Um ponto muito importante do livro é a paixão de Justino de convencer os judeus de que Jesus era o Messias profetizado no Antigo Testamento. No final do livro, Justino apela de maneira eloquente a Trifão para aceitar a verdade sobre Jesus e a fé cristã.

Como a maioria dos líderes da igreja primitiva, a teologia de Justino não era muito bem desenvolvida. Ele acreditava na Trindade e na divindade de Jesus, mas não desenvolveu o assunto das complexidades da Trindade ou o relacionamento entre a divindade e a humanidade de Jesus. Seu passado baseado na filosofia grega mais lhe estorvou que auxiliou.

Durante uma viagem a Roma, por volta do ano 165, Justino e outros seis cristãos foram presos. Depois de um julgamento falso no qual eles se recusaram a negar a fé, todos foram decapitados, vindo daí o nome Justino Mártir.

Ireneu

Ireneu foi um dos mais antigos e destacados oponentes do gnosticismo. Ele nasceu na Ásia Menor por volta de 135 d.C. Ali, conheceu e aparentemente foi influenciado por Policarpo. Ireneu pode ter sido um dos primeiros missionários enviados à Gália (atual França), pois, por volta do ano 177, ele foi identificado como bispo de Lyon. Ali, passou sua vida pastoreando, ensinando, enviando missionários para o resto da Europa e escrevendo. Não há dúvidas de que foi martirizado por volta de 202.

As duas obras principais de Ireneu sobreviveram: *A demonstração da pregação apostólica* e *Contra as heresias*. A primeira obra detalhava a fé cristã encontrada nas Escrituras e chamava os leitores a defender a doutrina exata contra a heresia. A segunda obra tinha os gnósticos como objetivo claro. Com base em seus escritos, podemos concluir muito sobre a teologia, ainda em desenvolvimento, da igreja do segundo século.

Inicialmente, Ireneu foi um dos primeiros apologistas a ter uma visão plenamente desenvolvida da autoridade das Escrituras. Seus argumentos referem-se aos dois Testamentos; na verdade, ele citou ou aludiu a quase todos os livros do Novo Testamento, com exceção de quatro. Ele também percebeu a grande continuidade entre os dois Testamentos, apresentando Jesus como o cumprimento das profecias do Antigo Testamento.

Em segundo lugar, pelo fato de os gnósticos terem uma visão tão distorcida sobre Jesus, Ireneu considerava Jesus Cristo o próprio centro da teologia. Cristo era a base para a continuidade entre a criação e a redenção. O que a humanidade perdeu em Adão é obtido novamente em Cristo. Ao atacar o dualismo gnóstico, Ireneu também argumentou a favor da natureza real do corpo físico de Jesus e da absoluta centralidade da ressurreição do corpo físico.

Em terceiro lugar, a despeito de suas posições ortodoxas sobre muitas questões teológicas centrais, suas crenças continham sementes de erro que mais tarde floresceriam no catolicismo medieval. Ao lidar com os gnósticos, por exemplo, ele ressaltou a presença física de Cristo no pão e no cálice, uma forma primitiva de transubstanciação. Do mesmo modo, sua escolha de palavras em relação à ordenança do batismo parece mostrar que o perdão seguia a ordenança. Por último, ao contrastar Adão e Cristo, deu um lugar especial a Maria, mãe de Jesus, como a "nova Eva". Ele ensinou que a obediência dela fez com que a restauração da humanidade se tornasse possível. Esses ensinamentos evidenciam o desenvolvimento da veneração a Maria que, mais tarde, caracterizaria o catolicismo romano.

Orígenes

Totalmente dedicado à inspiração e à autoridade das Escrituras, Orígenes escreveu verdadeiramente a primeira teologia sistemática da história da igreja, além de numerosos comentários sobre os livros da Bíblia. Ele nasceu e viveu parte de sua vida em Alexandria, Egito, um dos mais importantes centros intelectuais e teológicos da igreja primitiva. Depois de terminar seus estudos, tornou-se chefe da Escola Catequética de Alexandria, posição que manteve por 28 anos. Em razão de uma disputa com o bispo de Alexandria, Orígenes mudou-se para Cesareia, onde ministrou pelos últimos vinte anos de sua vida. Sofreu intensa tortura durante as perseguições romanas e morreu por volta de 254 d.C.

Por insistir em que a igreja combatesse as crescentes heresias, Orígenes dedicou-se a colocar à disposição ferramentas para o estudo bíblico. Mais importante ainda foi sua extraordinária obra chamada *Hexapla*, uma edição do Antigo Testamento incluindo o texto hebraico, a transliteração em caracteres gregos do texto hebraico e quatro traduções gregas, em seis colunas paralelas. Obra monumental que levou 28 anos para ser completada, a

Hexapla capacitou cristãos a estudar no Antigo Testamento com todo o saber disponível na época em um único livro. Ele também verificou a exatidão da *Septuaginta*, a maior tradução grega do Antigo Testamento.

A interpretação de Orígenes do texto sagrado trouxe-lhe alguns problemas. Ele ensinava que a alegoria era a fonte para a resolução dos mistérios do texto; encontrar a chave alegórica dependia do intérprete. A centralidade de Cristo nas Escrituras dava ao método sua dinâmica. Por exemplo: ao se analisar leis e cerimônias levíticas, a literalidade não ajudava, argumentava ele. Somente a alegoria ajudava o intérprete a ver Jesus no sistema levítico.

Sua defesa do método alegórico influenciou profundamente a interpretação das Escrituras por centenas de anos. Contudo, a influência da interpretação alegórica tem sido altamente negativa. Quem deve decidir se o significado oculto encontrado é adequado? Qual é o padrão? A alegoria é simplesmente subjetiva demais para ser considerada ferramenta de interpretação.

O zelo de Orígenes para servir ao Senhor também resultou na profunda devoção ao ascetismo — a vida de autonegação — e impactou grandemente as comunidades monásticas dos séculos seguintes. Em seu comentário de Cântico dos Cânticos de Salomão, ele enfatizou que as coisas materiais e até mesmo outras pessoas podem impedir alguém de alcançar a vida espiritual mais profunda. Desse modo, ele não dormia horas suficientes, jejuava e caminhava descalço.

Os apologistas deixaram sua marca na história da igreja por lutar a favor da fé e por começar a sistematizar a verdade teológica. Por meio das obras desses homens, a igreja chegou ao consenso sobre os 27 livros do cânon do Novo Testamento. A igreja também inaugurou sua estrutura eclesiástica, com o ofício do bispo tornando-se mais significativo. Mais importante ainda é que os apologistas lançaram os fundamentos da reflexão teológica madura, característica dos teólogos, assunto do nosso próximo capítulo.

PERGUNTAS PARA DEBATE

1. Resuma o dualismo gnóstico e maniqueísta. O que isso quer dizer? Por que ele é errado?

2. Explique por que os conceitos gnósticos sobre Jesus estavam errados.

3. Em quais aspectos o gnosticismo, o maniqueísmo e o neoplatonismo são similares?

4. Qual era o conceito dos ebionitas sobre Jesus?

5. Por que Marcião foi uma ameaça às crenças cristãs sobre a Bíblia?

6. Qual foi o erro do montanismo?

7. Resuma a contribuição de Justino como apologista.

Os apologistas

Quem?	Obras principais?	Foco principal?
Justino Mártir (c. de 100-65 d.C.)	Duas *Apologias*, *Diálogo com Trifão*	Defesa da autoridade do Antigo e do Novo Testamento
Ireneu (c. de 132-202 d.C.)	*A demonstração da pregação apostólica* *Contra as heresias*	Atacou o dualismo gnóstico ao defender a centralidade da ressurreição física de Jesus
Orígenes (c. de 185-254 d.C.)	*Hexapla*	Desenvolveu ferramentas para o estudo da Bíblia

ANOTAÇÕES

A igreja antiga e a teologia

Ó Deus, nossa alma só encontra descanso quando descansa em ti.
Agostinho

Por volta de 300 d.C., ventos de mudanças teológicas estavam soprando por toda a igreja. Discussões sobre a natureza da Trindade, a natureza de Jesus e a doutrina da salvação fizeram com que a igreja sistematizasse suas crenças e alcançasse o consenso sobre o ensino das Escrituras. Gigantes espirituais como Atanásio e Agostinho dominaram o período e solidificaram a teologia cristã. Tal período é profundamente importante para nossa compreensão da história da igreja.

A NATUREZA PRÉ-ENCARNADA DE JESUS CRISTO

No início dos anos 300 surgiu uma controvérsia em relação aos ensinamentos de um sacerdote do norte da África chamado Ário. Influenciado pelo racionalismo grego, Ário argumentava a favor do monoteísmo absoluto, negando a divindade de Jesus e afirmando sua condição de ser criado. Ário declarava (assim como faz hoje a seita religiosa Testemunhas de Jeová): "Tempo houve em que Ele [Jesus] não existia" (J. N. D. KELLY, *Doutrinas centrais da fé cristã*, p. 173). Portanto, Jesus possuía uma essência diferente do Pai. O envolvimento de Ário com o pensamento grego postulava que Deus, um espírito absolutamente indivisível, jamais se identificasse verdadeiramente com a humanidade — basicamente material. Os dois eram absolutamente inconciliáveis. Assim, a ponte sobre o abismo só poderia ser erigida por alguém criado dentro do tempo. Essa criatura era Jesus Cristo.

O imperador romano Constantino — um cristão que dera fim à perseguição da igreja no ano 313 d.C. — convocou o Concílio de Niceia em 325 para lidar com esse tumulto. Três posições estavam representadas em Niceia: (1) Jesus possuía uma essência *diferente* do Pai (Ário); (2) Jesus possuía a *mesma* essência que o Pai (Atanásio); (3) A essência de Jesus era *semelhante* à do Pai (posição conciliatória).

O debate foi acalorado e, não raro, amargo. Mas o credo que Niceia condenou abertamente Ário, considerando-o herege. Argumentando que Jesus era da *mesma* natureza do Pai, o *Credo niceno* declarou que Jesus era "verdadeiro Deus de verdadeiro Deus" (Wayne Grudem, *Teologia sitemática*, p. 996). Ao negar um dos princípios centrais do arianismo, o concílio proclamou Jesus como "gerado, não criado" (ibidem).

O arquirrival de Ário era Alexandre, bispo de Alexandria, cujo secretário pessoal chamava-se Atanásio. Atanásio desempenhou um papel pequeno, mas importante, em Niceia. Entretanto, nos 45 anos seguintes, ele defendeu a fórmula nicena. Ensinou que as pessoas da Trindade eram coiguais, coessenciais e coeternas. Estabeleceu uma forte relação entre as doutrinas da Trindade e da salvação. Com base nas Escrituras, Atanásio argumentou que Deus havia criado a humanidade à sua imagem, mas, por causa do pecado, a humanidade abandonou Deus e sua imagem. Assim, uma nova criação era necessária e somente Deus poderia ser o Salvador da humanidade decaída. Não era possível a nenhum ser humano providenciar a necessária redenção. Para Atanásio, portanto, a divindade de Jesus Cristo e a salvação da humanidade decaída estavam indivisivelmente interligadas. Esse apologista estava disposto a sofrer qualquer punição ou perseguição para defender o elo crucial, pois negar a divindade de Jesus era desfigurar o evangelho.

OS TRÊS CAPADÓCIOS — DEFENSORES DA TRINDADE

Uma das mais profundas verdades da fé cristã é a doutrina da Trindade. Ela separa o cristianismo de todas as outras religiões mundiais.

A Bíblia ensina em Deuteronômio 6.4 que Deus é um; contudo, a partir do Novo Testamento, está claro que o Deus único é tripessoal: Pai, Filho e Espírito Santo. A igreja sempre afirmou a ortodoxia dessa doutrina, mas lutar com suas implicações teológicas e filosóficas tem sido difícil. Em especial na igreja primitiva, essa luta produziu heresias com muita frequência.

A igreja dos séculos terceiro e quarto foi assolada pelo falso ensinamento que desafiava a divindade de Jesus e do Espírito Santo. Fosse por meio dos ensinamentos de Ário ou dos chamados macedonianos ou pneumatômacos, o Filho e o Espírito eram considerados subordinados ao Pai. Com o objetivo de preservar a unicidade divina, outros argumentaram ainda que Jesus era um homem adotado como Filho de Deus; dessa forma, ele não era eternamente o Filho.

Outros afirmavam a existência do Deus único revelado de três modos distintos — Pai, Filho e Espírito. Para decidir a questão, a igreja antiga fez a pergunta: "É isso o que as Escrituras ensinam?". Mais especificamente, que palavras precisas e descritivas poderiam evitar a heresia quando chegasse a hora de explicar o relacionamento entre Pai, Filho e Espírito? A igreja teve de lidar com essas questões até o século quinto.

A doutrina ortodoxa da Trindade foi o resultado de uma série de debates e concílios, ocasionados, em grande parte, por ensinamentos heréticos provenientes da própria igreja. A colaboração de três amigos — os três capadócios —, Basílio de Cesareia (c. 330-79), Gregório de Nazianzo (c. 329-89) e Gregório de Nissa (c. 330-94) — produziu a vitória sobre muitas dessas heresias. Deus os usou de uma maneira poderosa para formular a verdade a respeito do relacionamento entre as pessoas da Trindade. Até o surgimento do liberalismo religioso moderno no século 18, suas obras forneceram ao estrutura definitiva para o pensamento e o discurso sobre o Deus trinitário que adoramos.

Esboços biográficos destacam os três como líderes da igreja oriental. Basílio nasceu numa rica família cristã (onde hoje é a moderna Turquia). Bem instruído nas escolas da Grécia, ele foi indicado bispo de Cesareia. Sua influência no desenvolvimento do monasticismo foi enorme.

Seu irmão, Gregório de Nissa, tornou-se professor de retórica e foi apontado como bispo de Nissa. Enquanto ressurgiu o movimento ariano no Império Oriental, ele foi deposto e enviado ao exílio por cinco anos. Seu amigo, Gregório de Nazianzo, também estudou nas universidades de Alexandria e Atenas, onde conheceu Basílio. Mesmo que em graus diferentes, cada um deles era filósofo, místico e monge. Contudo, compartilhavam a profunda dedicação ao cristianismo niceno ortodoxo. De maneira apaixonada, cada um deles defendeu as pessoas da Trindade como coiguais, co-essenciais e coeternas.

Talvez a mais significativa contribuição à defesa do conceito ortodoxo da Trindade tenha sido feita por Basílio. A linguagem usada pelos teólogos da igreja primitiva muitas vezes descrevia o Filho como subordinado ao Pai; desse modo, ele era, de certa maneira, inferior. Quando se tratava do Espírito Santo, de modo geral havia pouca discussão.

Mas Basílio mostrou que, ao pensarmos no Deus trinitário, devemos sempre separar os termos "essência" e "pessoa", pois eles não são sinônimos.

"Essência" é o que identifica Deus como Deus. Estão envolvidas aqui qualidades como onipotência, onipresença e onisciência. "Pessoa" é o termo que define as distinções dessa essência. Desse modo podemos corretamente dizer "Deus, o Pai", "Deus, o Filho" e "Deus, o Espírito", e afirmar simultaneamente sua unicidade e indivisibilidade do ser. Basílio também foi o primeiro teólogo a escrever um grande tratado sobre o Espírito Santo, no qual ofereceu provas da divindade do Espírito.

Gregório de Nazianzo levou o argumento um pouco mais adiante. Concordando com a argumentação de seu amigo Basílio sobre a diferença entre essência e pessoa, Gregório mostrou que a diferença entre as três pessoas é relacional. Esse relacionamento é delineado como eternamente o Pai, eternamente o Filho e eternamente o Espírito. Sempre houve amor e comunicação entre as pessoas da essência única que constitui a Trindade.

O irmão de Basílio, Gregório de Nissa, também demonstrou que a diferença entre as pessoas da Trindade não é de essência (ou substância). A distinção pode se basear apenas nas relações interiores e funções de cada um. Qualquer linguagem que resulte na demonstração de que o Filho está subordinado ao Pai ou que o Espírito está subordinado ao Filho é simplesmente inaceitável.

Assim, a Trindade é um Deus em três pessoas cuja diferença é relacional e funcional, e não de essência. Não há três deuses ou três manifestações de Deus; há apenas um único Deus. A passagem de Efésios 1.1-14 ilustra bem essa questão: o Pai escolhe, o Filho redime e o Espírito sela (v. tb. 2Co 13.14; 1Pe 1.2). Cada membro da Trindade está intimamente envolvido na história da salvação. Desse modo, podemos seguir Paulo e louvar o Deus trino da graça!

Para nós, na igreja moderna, é difícil imaginar as dificuldades enfrentadas pela igreja primitiva para escolher as palavras adequadas ao discutir a natureza da Trindade. Contudo, em cada geração, Deus levantou indivíduos para proteger a igreja do erro. Os três capadócios nos ensinaram a importância do pensamento preciso no que se refere à Trindade. Sua precisão venceu no Concílio de Constantinopla em 381 d.C., no qual as forças do pensamento herético foram derrotadas.

DEFINIÇÃO DA DOUTRINA DO DEUS-HOMEM

A pedra de toque da ortodoxia teológica é a pessoa de Cristo. Tanto sua divindade quanto sua humanidade devem ser afirmadas; caso contrário, toda a doutrina da salvação é afetada. Somente o Jesus verdadeiramente Deus e verdadeiramente homem é capaz de prover a salvação completa para a humanidade.

Um dos problemas da igreja primitiva foi explicar de que maneira a divindade e a humanidade de Jesus se relacionavam. De que maneira essas duas naturezas se misturaram em determinado ponto de sua vida terrena? Ele era mais Deus ou mais homem? De que maneira deve-se enxergar a união dessas duas naturezas numa pessoa? O debate sobre as duas naturezas de Jesus inquietou a igreja por mais de 300 anos quando finalmente, em 451, no Concílio da Calcedônia, foi escrita a declaração definitiva sobre as duas naturezas de Jesus.

Ao estudar a igreja primitiva, fica claro que o surgimento do erro normalmente levou a igreja a buscar a explicação mais satisfatória para determinada questão teológica. Isto foi verdadeiro com relação à doutrina de Cristo. Por todo o período compreendido entre 325 e 451, surgiram grandes interpretações — a maioria delas de origem herética — que desafiaram a igreja a pensar de maneira mais precisa sobre como definir o relacionamento das duas naturezas de Jesus.

A escola alexandrina

Duas escolas de teologia — uma em Antioquia e outra em Alexandria, Egito — moldaram o debate sobre a natureza de Cristo. A escola alexandrina seguia luminares como Atanásio e o grande Orígenes. Influenciada pela filosofia grega, especialmente por Platão, a escola alexandrina tendia a elevar o espiritual — a divindade de Cristo — ao custo de sua humanidade.

A sequência lógica do conceito alexandrino foi a heresia propagada por Apolinário. Ele era amigo de Atanásio e de Basílio, o Grande, além de professor do grande Jerônimo. Contudo, Apolinário ensinava que Jesus era plenamente Deus, mas sua "alma racional" fora suplantada pelo *Logos* divino. Isso significava que Jesus não era completamente humano.

O Concílio de Constantinopla, em 381, condenou Apolinário por heresia porque sua opinião afetava a doutrina da salvação. De que maneira poderia a morte de Cristo ser suficiente pelos seres humanos se ele não era totalmente humano? O concílio concluiu, assim, que Jesus precisava ser completamente humano e completamente divino.

A escola antioquena

A segunda grande escola de teologia, baseada em Antioquia, foi influenciada por Aristóteles. Ela concebia o homem como uma unidade de alma e corpo, não como uma dicotomia. Ela dava muito mais importância à distinção singular das duas naturezas de Jesus que os alexandrinos. O resultado lógico da ênfase antioquena produziu a heresia do nestorianismo, nome derivado de Nestório, que desafiou mais ainda o pensamento da igreja sobre Jesus.

Por ser o patriarca de Constantinopla, em 428, Nestório ocupava uma posição de destaque na igreja antiga. Por várias razões, ele se sentia desconfortável com a maneira pela qual os alexandrinos usavam certas expressões a respeito de Jesus — consideradas por ele uma mistura perigosa das naturezas divina e humana de Cristo. Sua solução foi manter a distinção absoluta das duas naturezas a tal ponto que a única ligação entre elas fosse a vontade.

A melhor analogia de como Nestório imaginava Cristo era a de gêmeos siameses. Pelo fato de o patriarca não conseguir conceber a divindade se envolvendo no sofrimento ou nas mudanças humanas, ele insistia na união artificial das duas naturezas. Embora alguns estudiosos modernos duvidem se Nestório realmente pensasse assim, esse ensinamento foi condenado como heresia no Concílio de Éfeso em 431.

Estava claro que nem o modelo rígido das duas naturezas de Nestório nem a descuidada teoria da natureza única de Apolinário correspondiam às informações bíblicas. Na confrontação que Jesus fez com a mulher samaritana no poço, no capítulo 4 do evangelho de João, as duas naturezas pareciam estar em perfeita comunhão. Em qualquer momento de sua vida, ele era tanto Deus quanto homem. Assim, era necessário haver uma posição que combinasse a força das duas propostas.

Um monge de Constantinopla, chamado Êutiques, propôs um modelo para tentar conciliar Apolinário e Nestório. Ele se recusava a manter a distinção clara entre as duas naturezas de Jesus; em vez disso, Êutiques defendia a mescla das naturezas a tal ponto que resultava numa terceira combinação confusa. A analogia de derramar algumas gotas de óleo num balde com água ilustra a questão: tanto o óleo quanto a água estão presentes, mas a distinção entre os dois não é clara. O resultado do ensinamento de Êutiques foi uma mistura confusa, não plenamente Deus e nem plenamente homem.

O Concílio de Calcedônia

Para definir esse assunto crítico sobre como conciliar as duas naturezas de Jesus, um grande concílio de mais de 400 líderes eclesiásticos foi convocado em Calcedônia, em 451. Depois de muito debate, esses líderes emitiram uma declaração, baseada nas Escrituras, que permanece até hoje como a mais importante declaração sobre Jesus Cristo na história da igreja.

A declaração proclamou Jesus como Deus e homem numa pessoa. Ela afirmava que ambas as naturezas estão unidas de forma miraculosa, de modo que nenhuma natureza é danificada, diminuída ou enfraquecida. As duas naturezas são "inconfundíveis, imutáveis, indivisíveis, inseparáveis" (Wayne GRUDEM, *Teologia sistemática*, p. 996). Desse modo, a salvação está garantida a quem professa fé em Jesus porque seu sacrifício foi tanto do Deus Salvador quanto do homem que identificado com a humanidade.

A partir de Calcedônia, portanto, a igreja passou a ensinar que Jesus é uma divindade não diminuída e uma humanidade perfeita unidas numa pessoa, sem qualquer confusão das duas naturezas. No sentido absoluto do termo, ele é o Deus-homem!

Vivemos num mundo no qual as seitas ameaçam a todo instante a verdade ortodoxa. Se há alguma coisa que a história da igreja nos ensina, é o seguinte: Precisão de linguagem nas questões doutrinárias é um imperativo. Quaisquer palavras usadas para descrever Jesus que diminuam sua divindade ou humanidade são incorretas e heréticas.

O milagre da encarnação força nossa mente finita ao limite. O grande legado do Concílio de Calcedônia reflete o consenso linguístico que preserva tanto a divindade quanto a humanidade completas de Jesus em sua pessoa. A salvação completa exige isso; a fé no Deus-homem, Jesus Cristo, procura por isso.

AGOSTINHO — O TEÓLOGO DA GRAÇA

A busca pela verdade — nenhuma expressão descreve melhor a obra do grande teólogo Agostinho (354-430). Depois de anos de luta contra a luxúria e a dúvida, ele escreveu o seguinte sobre Deus: "Tu nos fizeste para ti mesmo, e nosso coração está atribulado até que encontre descanso em ti" (*Confissões*, Livro 1.1). A busca que ele empreendeu pela verdade encontrou sua satisfação na pessoa de Cristo, cuja graça salvadora se tornou o centro vital de sua teologia. Ele capturou poderosamente a busca pessoal pela verdade na obra *Confissões*, uma das autobiografias espirituais da história verdadeiramente profundas.

Nascido no norte da África de um pai pagão (Patrício) e de uma mãe cristã piedosa (Mônica), Agostinho se destacou como estudante, em especial na antiga arte da retórica. Isso lhe permitiu ser apresentado a Cícero, o gênio romano da retórica. Embora Cícero não fosse cristão, seus escritos deram início à busca de Agostinho pela verdade e sabedoria.

Um dos maiores obstáculos intelectuais de Agostinho foi o problema do mal. Como era possível que o Deus bondoso permitisse a existência de um mundo cheio de males, dor e sofrimento? Ele pensou ter encontrado a resposta no maniqueísmo. Mas quando examinou Fausto, um importante líder maniqueísta, a desilusão de Agostinho com a argumentação de Fausto o fez abandonar o sistema. Ele experimentou outras filosofias, mas nenhuma satisfez seu desejo de encontrar a verdade e a sabedoria.

Outra intensa batalha no começo da vida adulta de Agostinho aconteceu com relação à imoralidade e ao orgulho. Por muitos anos, ele manteve uma concubina, a qual lhe deu um filho ilegítimo. Pelo fato de nenhum dos sistemas filosóficos experimentados ter feito exigências quanto a sua moralidade pessoal,

Agostinho acreditava que seu estilo de vida imoral era justificável. Sua paixão pela fama pessoal no mundo acadêmico também o consumia.

Buscando fama e fortuna, Agostinho viajou para Roma e Milão, na esperança de ensinar sua amada retórica. Ali ele se encontrou com Ambrósio, bispo de Milão. O brilhantismo de Ambrósio impressionou Agostinho, pois Ambrósio mostrou-lhe que suas objeções ao cristianismo eram rasas e equivocadas.

A conversão de Agostinho aconteceu em 386, porém, não apenas por meio da argumentação intelectual, mas por meio de um encontro emocional com o Todo-poderoso. Agostinho sentou-se certo dia num jardim, fora de Milão, para ponderar sobre as questões filosóficas com as quais tinha dificuldades. Como diz em suas *Confissões*, ele ouviu a voz de uma criança dizer "Pegue e leia". Agostinho tomou nas mãos a carta de Paulo aos Romanos (especialmente 13.13-14) e ali encontrou a resposta para suas perguntas. "Todas as sombras da dúvida desapareceram", escreveu (*Confissões*, 8.18). Na Palavra de Deus, ele encontrou a verdade na pessoa de Jesus Cristo. Ele também encontrou poder para romper a ligação que tinha com a luxúria e com a busca de glória para si mesmo, encontrou a paz e o propósito para a vida que nenhuma moda intelectual passageira da sua época pôde prover. Ele experimentou o poder da graça de Deus que definiria o restante da sua vida.

Agostinho mudou radicalmente, rompendo todos os laços com seu passado imoral. Depois de ter sido batizado por Ambrósio em 387, voltou para o norte da África onde se dedicou à vida de estudo e devoção à igreja de Cristo. Agostinho tornou-se sacerdote em 391 e, em 395, foi nomeado bispo de Hipona, uma cidade a oeste de Cartago. Seu enorme poder e influência foram sentidos por muitos anos em função de seu bispado, especialmente por meio de sua extensa obra escrita.

As contribuições de Agostinho à igreja foram extremamente significativas. Ele foi uma figura de transição na história da igreja. Em primeiro lugar, defendeu o evangelho da graça de Cristo contra muitos oponentes, dos quais nenhum foi mais ameaçador que Pelágio.

Pelágio, bispo britânico, ensinava um sistema que negava o pecado original e a necessidade da graça divina na salvação, defendendo, consequentemente, uma teologia radical centralizada no homem. Com efeito, o homem tinha a capacidade de salvar a si mesmo. Agostinho apresentou a resposta definitiva a Pelágio. Ele afirmou a culpa e a corrupção de todos os seres humanos por causa do pecado de Adão e a absoluta necessidade da graça salvadora de Deus. Seguindo Paulo, Agostinho formulou as doutrinas da eleição e da predestinação que influenciaram poderosamente Lutero e Calvino, séculos depois. O sistema teológico de Agostinho estava centrado em Deus, sendo a salvação total e causalmente efetuada por Deus.

Em segundo lugar, o tratado *A Trindade*, de Agostinho, é uma magnífica obra de arte teológica. Nessa obra, Agostinho via o Deus da Bíblia como um Deus trino, eterno, transcendente, infinito e perfeito. Ao definir Deus como uma Trindade numa essência, sua obra se tornou o ponto crucial de séculos de pensamento teológico sobre a natureza de Deus. Houve pouco debate sobre a natureza da Trindade depois de Agostinho.

Em sua obra sobre a Trindade, Agostinho também resolveu a luta pessoal com o problema do mal. Para ele, a Bíblia ensinava que Deus criara o universo a partir do nada (*ex nihilo*) e que criara homens e anjos com o livre-arbítrio. O livre-arbítrio explicava de que maneira o mal entrara no universo bom: Satanás, alguns anjos e os seres humanos optaram pela rebelião contra Deus. A graça era a única explicação do motivo para Deus escolher redimir a humanidade por meio de seu Filho.

Em terceiro lugar, a obra *Cidade de Deus*, baseada na crença na soberania e na providência de Deus, postulava a primeira filosofia genuinamente cristã da história. Escrita como resposta à destruição de Roma em 410 pelos visigodos, essa obra concebia a História como a história de duas cidades — a cidade de Deus e a cidade do homem.

Cada cidade era motivada por amores contrários — a cidade de Deus pelo amor a Deus, e a cidade do homem pelo amor a si mesmo. Ambas continuarão até o final, quando Deus trará a condenação eterna sobre a cidade rebelde e a salvação eterna para a cidade obediente. Por isso, argumentava Agostinho, Roma caiu — assim como cairão todas as cidades do homem — pois ela era pecaminosa, idólatra e rebelde. Apenas a cidade de Deus triunfará.

Outros aspectos da teologia de Agostinho merecem comentário. Por causa de seu estilo de vida ascético, ele considerava repugnante qualquer referência ao reino milenar literal na terra. Ele se rebelou contra a ideia de Deus trazer um reino de bondade material e abundância física. Desse modo, Agostinho alegorizou passagens como Apocalipse 20 e ensinava que esses versículos faziam referência à era presente, e não ao reino milenar literal de Cristo.

Numa era em que modas intelectuais e estilos de vida promíscuos continuam a escravizar as pessoas, a vida de Agostinho permanece um exemplo tocante. Ele demonstrou que apenas a graça divina pode romper as cadeias do pecado, pois somente Jesus responde às perguntas tormentosas da vida. Quando encontrou a chave para a vida, Agostinho colocou-se como um modelo de erudição e brilhantismo explicado apenas pelo poder da graça de Deus.

Os teólogos alcançaram o consenso doutrinário a respeito do que as Escrituras ensinavam sobre Jesus e a Trindade. A questão dos papéis de Deus e do homem na dinâmica da salvação nunca foi tranquila. A posição oficial da Igreja Católica Romana considerava cada vez mais o papel do homem igualmente importante, a ponto de ensinar-se que a salvação era um esforço cooperativo entre Deus e o homem.

PERGUNTAS PARA DEBATE

1. Resuma as crenças de Ário sobre Jesus.

2. Quais foram as três posições teológicas apresentadas no Concílio de Niceia?

3. Quais são as três palavras que melhor resumem a posição de Atanásio sobre os membros da Trindade?

4. Resuma a obra dos três capadócios com relação à natureza da Trindade.

5. Qual foi o erro das três pessoas a seguir: Apolinário, Nestório e Êutiques?

6. Qual foi a importância do Concílio de Calcedônia em 451?

7. Resuma as diferenças entre Agostinho e Pelágio.

ANOTAÇÕES

ANOTAÇÕES

A igreja medieval

Jesus Cristo [...] cujo corpo e sangue estão verdadeiramente contidos no sacramento do altar, sob os signos do pão e do vinho — o pão tendo sido transubstanciado em seu corpo e o vinho em seu sangue pelo poder divino.
Quarto Concílio de Latrão, 1215

No âmbito da história da igreja, a era medieval compreendeu o período entre os anos 600 e 1517. O colapso do Império Romano do Ocidente, no quinto século, deixou um enorme vácuo na Europa Ocidental. Não existiam mais as estruturas políticas, econômicas, sociais, morais e intelectuais de uma enorme civilização. É inegável que Igreja Católica Romana, institucionalizada, ocupou esse espaço. O papado ganhou legitimidade, o monasticismo se fortificou e o islamismo expandiu-se pelo Mediterrâneo, o que deu origem às cruzadas. À medida que a igreja crescia em influência e poder, tornou-se, porém, corrupta e ineficiente. Essa é história da igreja medieval.

GREGÓRIO I E O PAPADO

Os historiadores protestantes geralmente afirmam que o catolicismo romano, institucionalizado, começou com a indicação de Gregório como bispo de Roma em 590. Embora tenha recusado o título de papa, ele organizou administrativamente o sistema de governo papal que caracterizou todo o período medieval. Desse modo, os principais bispados do Ocidente se voltavam a ele em busca de orientação e liderança. Gregório também padronizou a liturgia e a teologia da florescente Igreja Romana. Doutrinas como a veneração de Maria, o purgatório, uma forma incipiente de transubstanciação e orações aos santos falecidos encontraram apoio inicial nos escritos de Gregório.

Ele também promoveu a atividade missionária entre as tribos germânicas. Os vários grupos germânicos que haviam destruído o Império Ocidental precisavam ouvir o evangelho. O zelo de Gregório por missões levou-o a enviar dezenas de monges ao norte da Europa, especialmente à Inglaterra. Muitas pessoas daquele país se achegaram a Cristo, e Cantuária tornou-se o centro inglês do catolicismo. Gregório lançou o fundamento para o grande edifício conhecido por catolicismo romano.

Dois outros fatores contribuíram para o crescente poder e prestígio do bispo romano. Primeiro, um antigo rei dos francos, Pepino, o Breve (714-68) concedeu ao papa grande extensão de terras no centro da Itália — a Doação de Pepino — transformando a Igreja Católica num poder temporal e político na Europa. Segundo, alega-se que a contribuição de Constantino deu poder e autoridade ao bispo de Roma quando Constantino transferiu sua capital para o Oriente. Descobriu-se mais tarde que o documento era uma farsa. Ambos, porém, solidificaram a posição do papa.

A ATIVIDADE MISSIONÁRIA JUNTO ÀS TRIBOS GERMÂNICAS

Uma grande quantidade de reinos germânicos independentes, governados por reis pagãos, substituíram o poderoso Império Romano. Na tentativa de alcançar esses reinos para Cristo, a atividade missionária eclodiu por toda a Europa. O inglês Bonifácio (c. 672-754) foi o maior desses missionários.

Nascido no reino anglo-saxão de Wessex no início da década de 670, seu verdadeiro nome era Winfrid. Ele foi educado na escola monástica saxônia em Exeter e possuía domínio das Escrituras e habilidades ministeriais de ensino e administração. Foi ordenado aos 30 anos e, a partir daí, desenvolveu o fervor por missões. Seu desejo era trabalhar com outro missionário, chamado Willibrord, na Frísia (Países Baixos).

Winfrid buscou apoio tanto do bispo de Roma (naquele momento amplamente aceito como papa da igreja) quanto do governador dos francos. Recebeu apoio de ambos, e, durante o processo, passou a usar o nome romano Bonifácio. A partir da Frísia, lançou seu empreendimento missionário rumo à Alemanha, o que lhe consumiria as energias pelo resto da vida.

Bonifácio ministrou nas áreas de Hesse e da Turíngia e levou milhares de pagãos germânicos a Cristo. Além disso, ele plantou um grande número de igrejas onde só havia paganismo idólatra. A história da derrubada do carvalho de Thor em Geismar, Hesse, simboliza o triunfo do cristianismo sobre o paganismo. Thor, deus nórdico do trovão, era reverenciado pelos germânicos e esse carvalho fora dedicado a seu poder e glória. Resoluto e zeloso, Bonifácio derrubou a árvore e usou a madeira para construir as fundações de uma igreja dedicada a Pedro.

Ele também trouxe notável organização à florescente igreja germânica. Em 732, o bispo de Roma declarou-o arcebispo da Alemanha. Insistindo em que o clero fosse instruído, disciplinado e puro, Bonifácio sistematicamente limpou a Igreja Romana dos clérigos preguiçosos e incompetentes e dos rituais ainda existentes do paganismo germânico. Enviando missionários voluntários da Inglaterra, dos quais muitos eram mulheres, ele promoveu a organização e a estruturação da igreja alemã, enchendo-a de zelo pela obediência, pelo serviço e por alcançar outros povos.

Além da obra administrativa e missionária, Bonifácio estabeleceu mosteiros por toda a Alemanha, sendo o mais famoso deles o de Fulda. Bonifácio era monge beneditino e seguia a *Regra* de Bento de Núrsia (o fundador do monasticismo no Ocidente). Os beneditinos enfatizavam a pobreza, a castidade e a obediência a Cristo. Essa regra tornou-se norma para as comunidades monásticas por toda a Europa. Os mosteiros eram lugares de adoração, devoção, oração e estudo — verdadeiros oásis em meio ao terror e decadência pagãs. Os monges faziam cópias das Escrituras e dos clássicos cristãos primitivos. Os mosteiros foram os únicos centros educacionais em grande parte da era medieval. Muitos séculos depois, entretanto, esses lugares de autonegação tornaram-se gradualmente antros de imoralidade, autoindulgência e busca materialista. Os mosteiros fundados por Bonifácio eram, em grande parte, lugares de educação, hospitalidade e esforço missionário. Sem dúvida, Deus os usou.

Bonifácio também incentivou o relacionamento crescente entre os francos e a igreja centralizada em Roma. O bispo de Roma precisava de proteção e o rei dos francos estava disposto a concedê-la. Bonifácio garantiu o reconhecimento especial do papa ao rei franco, Pepino, dando ensejo ao que, mais adiante no período medieval, desabrocharia na mais poderosa aliança entre a igreja e o Estado.

ATIVIDADE MISSIONÁRIA NA IRLANDA

Trabalho pioneiro similar foi realizado por Patrício (c. 389-461) junto ao povo irlandês. De origem celta, o povo irlandês nunca fez parte do Império Romano. Embora tivessem contatos com a Bretanha, os celtas irlandeses eram diferentes nos aspectos cultural, econômico e político. Com seu declínio, Roma abandonou a Bretanha por considerá-la de defesa muito difícil; por causa disso, a igreja preencheu o vácuo. A expansão missionária rumo à Irlanda foi basicamente o trabalho de Patrício.

Ele nasceu na Bretanha em 389, aparentemente numa influente família cristã. Aos 16 anos de idade, foi sequestrado e vendido como escravo no norte da Irlanda, onde trabalhou como pastor de rebanhos e fazendeiro. Contudo, na soberania de Deus, sua conversão a Cristo aconteceu nesse período. Ele escreveu na obra *A confissão* que Deus abriu seus olhos e "mostrou-lhe seus pecados".

Depois de seis anos de escravidão, Patrício fugiu, retornando à Bretanha. Ali, deu continuidade à sua educação e recebeu uma visão do Senhor chamando-o de volta ao povo irlandês que o escravizara. Como ministro itinerante, compreendia a dinâmica evangelística da fé cristã. Ele pôde entender que somente ela oferecia o que os sacerdotes druidas não podiam dar: paz para a terra atribulada pelas guerras tribais. Desse modo, Patrício desenvolveu a estratégia de ganhar para Cristo os líderes das tribos irlandesas. Todas as evidências mostram que muitos reis e senhorios locais se tornaram cristãos. À medida que se convertiam, garantiram proteção para o avanço bem-sucedido da fé por toda a Irlanda. Algumas estimativas sugerem que mais de 100 mil conversões aconteceram em decorrência do ministério de Patrício.

Além disso, a igreja irlandesa tornou-se conhecida pelo envio de missionários. A partir da estratégica ilha de Iona, onde existia um famoso mosteiro, Columba (521-97) partiu para converter escoceses e pictos, na Escócia, e anglos e saxões do norte da Inglaterra. Columba tornou-se um dos maiores missionários da história da igreja. Contudo, sem Patrício não teria existido Columba, pois foi Patrício quem levou o avô de Columba a Cristo e o batizou.

Desse modo, Deus usou Patrício para transformar a Irlanda de uma terra saturada de magia e práticas ocultistas dos druidas em um lugar dedicado a Cristo e a seu reino.

ISLÃ

Nos séculos sexto e sétimo, o surgimento de uma nova fé monoteísta — o islã — atraiu grande número de membros da Igreja Católica Romana. Essa religião está centralizada em Maomé (c. 570-632), o profeta de Alá, que afirmava ter recebido uma série de revelações do anjo Gabriel. As revelações foram mais tarde transcritas no *Alcorão*. O ponto central do *Alcorão*, chamado "Testemunho", é a existência de um único Deus, Alá, e que Maomé é seu profeta. Dizer isto com fé é tornar-se um muçulmano — alguém que se submete a Deus.

Além de recitar o testemunho, os muçulmanos observam quatro outros pilares da fé. Os muçulmanos devotos oram cinco vezes ao dia, dão esmolas aos pobres, jejuam do nascer ao pôr do sol no mês do Ramadã e fazem pelo menos uma peregrinação a Meca. A teologia islâmica concentra-se, assim, em ganhar o favor de Alá por meio da prática da fé.

O islã espalhou-se rapidamente. Maomé encontrou muita resistência por pregar a fé em Alá e, em 622, fugiu de Meca para Medina, o mais importante acontecimento da história islâmica. Em 630, Maomé reconquistou Meca e estabeleceu o controle sobre grande parte da Península Arábica. Por volta de 732, seus sucessores haviam tomado a Palestina, o norte da África e a Espanha, e foram impedidos apenas na Batalha de Tours na França. O vácuo militar deixado pelo colapso da Roma Ocidental, junto com a *jihad* — ou guerra santa, proclamada pelo *Alcorão* — ajudam a explicar a rápida conquista islâmica. Grandes territórios anteriormente dominados pelo cristianismo foram perdidos, muitos dos quais nunca foram reconquistados.

"COMO ÁGUA E ÓLEO"

Depois da queda de Roma, os ramos oriental e ocidental da Igreja Católica Romana enfrentaram circunstâncias diferentes. Sem o imperador para interferir, os papas ocidentais ganharam poder ao lidar bem com o caos deixado pelos invasores bárbaros. Por outro lado, o chefe do Império do Oriente interferiu nas questões da Igreja Oriental, que já estava lançando mão de recursos e de energia para lutar contra o islã.

Os dois ramos da igreja também assumiram posições diferentes em relação a diversas questões. No segundo século, já haviam discordado sobre a data de celebração da Páscoa. Também divergiram na questão do celibato do clero abaixo do bispo e quanto ao uso de estátuas e imagens de santos nas igrejas. A mais séria discordância surgiu em 867, quando o patriarca oriental acusou a Igreja Ocidental de heresia por dizer que o Espírito Santo procede do Pai e do Filho, em vez de apenas do Pai.

As relações entre as duas igrejas tornaram-se cada vez mais hostis até que uma questão menor levou as duas facções ao confronto em 1054. Os sentimentos amargos e as diferenças do passado irromperam na discussão. O encontro terminou com a excomunhão do patriarca e de seus seguidores por parte dos delegados romanos. Para não ficar para trás, o patriarca anatematizou o papa e a Igreja Ocidental. Daquele momento em diante, a Igreja Católica Romana e a Igreja Ortodoxa Grega têm caminhado em direções diferentes.

AS CRUZADAS

Os muçulmanos eram predominantemente árabes até o século 11, quando os turcos seljúcidas tomaram o controle de grande parte do território islâmico. Muito mais fanáticos e brutais, os turcos atormentavam os peregrinos cristãos e ameaçavam a segurança da Igreja Oriental. Consequentemente, em 1095, o papa Urbano II fez um chamado para libertar os lugares sagrados da Palestina das mãos dos muçulmanos. A resposta da Europa cristã foi contundente. De 1095 a 1291, ondas de guerreiros cristãos saíram para realizar o objetivo de Urbano. Poucas cruzadas foram bem-sucedidas.

Houve sete cruzadas principais, além de dezenas de outras menores. A primeira cruzada (1095-99) foi a única bem-sucedida. Os cruzados estabeleceram o Reino Latino em Jerusalém, que durou por várias décadas. Construíram castelos para defender suas propriedades e organizaram diversas ordens de cavaleiros para proteger os lugares sagrados. Mas seu esforço foi em vão. Gradualmente, os muçulmanos reconquistaram o controle da Palestina e expulsaram os cristãos.

As cruzadas transformaram radicalmente a Europa cristã. No aspecto cultural, à medida que voltavam do Oriente, os cruzados traziam consigo novos alimentos e roupas. No aspecto educacional, livros do mundo antigo — preservados pelos árabes muçulmanos foram colocados à disposição dos europeus. No aspecto econômico, o comércio reviveu, a igreja ganhou mais riqueza por causa dos testamentos dos soldados mortos em batalha e uma nova classe — a classe média — começou a tomar conta do Ocidente. Politicamente, à medida que os reis taxavam seus súditos pela renda obtida, seu poder crescia. Em muitos aspectos, as cruzadas foram o momento de definição da igreja medieval. A lealdade das pessoas não estava mais direcionada unicamente à igreja. Com o passar do tempo, a igreja simplesmente deixou de ser tão importante quanto fora no passado.

TEOLOGIA ESCOLÁSTICA CATÓLICA ROMANA

As questões-chave por toda a história da igreja têm sido as seguintes: razão e fé — inimigas ou aliadas? A fé cristã é razoável ou é simplesmente um salto irracional no escuro? O grande avanço na resposta a essas perguntas veio com o surgimento de um grupo de teólogos medievais denominados escolásticos. Desse grupo destacam-se Anselmo da Cantuária (1033-1109) e Tomás de Aquino (c. 1225-74).

Anselmo dedicou grande parte de sua vida adulta à apresentação de argumentos razoáveis a favor de proposições teológicas já abraçadas como verdade pela fé. Seu objetivo não era alcançar a fé por meio da razão; em vez disso, ele queria usar a razão como ferramenta para compreender melhor a fé. Para Anselmo, a fé precedia e guiava a razão. Ele escreveu o seguinte na obra intitulada *Proslogion*: "Creio para poder entender". Por meio da razão, ele procurava fortalecer e dar entendimento à fé. Sua fé era a "fé que busca entendimento".

Anselmo forneceu provas razoáveis em seus escritos para a existência de Deus e razões muito sérias para se considerar Deus autoexistente, incorpóreo, todo-poderoso, compassivo, justo e misericordioso. Na obra *Por que Deus se fez homem?* Anselmo também demonstrou o relacionamento fundamental entre a encarnação de Deus, o Filho, e a expiação que realizou pelo pecado. Seu argumento de que a expiação de Cristo satisfez infinitamente a Deus influenciou de maneira poderosa o pensamento de Lutero e Calvino, séculos depois.

O ápice da teologia escolástica, porém, foi alcançado com Tomás de Aquino. Sua vida de estudos profundos marcou para sempre a direção do catolicismo institucionalizado. Sua influência foi tão profunda que ele recebeu o título de "doutor angélico". Sua obra principal foi *Suma teológica*. Nela, Tomás afirmou que o raciocínio filosófico e a fé eram complementos perfeitos: a razão leva a pessoa ao "vestíbulo da fé".

Tomás de Aquino deu apoio fundamental às doutrinas distintivas da fé cristã, incluindo os atributos de Deus, a ressurreição e a criação *ex nihilo*. Contudo, sua defesa da veneração de Maria, do purgatório, do papel do mérito humano na salvação e dos sete sacramentos — canais da graça divina — não possuem apoio bíblico. Além disso, sua ideia de que, depois da oração de consagração, os elementos da comunhão tornam-se o sacrifício do verdadeiro corpo e sangue de Cristo foi rejeitado por Lutero e pelos outros reformadores do século 16 como não bíblico.

A IGREJA ÀS VÉSPERAS DA REFORMA

A Igreja Católica Romana dos séculos 14 e 15 experimentou uma crise de autoridade. Levantes internos e notáveis pressões de fora diminuíram sua credibilidade e legitimidade. O resultado foi que a igreja estava preparada para a Reforma do século 16.

Devido à política do final da era medieval da Europa, Clemente V transferiu a cátedra papal para Avignon, na França, em 1309. Estando sob o domínio da França, o papado de Avignon foi apelidado "cativeiro babilônico da igreja". Tentativas de terminar essa situação intolerável produziram dois papas eleitos por conveniência, um em Avignon e outro em Roma, acontecimento denominado o Grande Cisma (1378-1417). Por fim, o Concílio de Constância, com a insistência do Sacro Império Romano, pôs fim ao cisma. A solução, porém, levantou sérios questionamentos sobre a autoridade do papado, aumentando a divisão entre os líderes da igreja.

Além dessas questões políticas, a igreja era atormentada pela corrupção e pela fraude. O clero comprava e vendia ofícios da igreja (simonia). A imoralidade entre os líderes eclesiásticos celibatários incrementou a crise de confiança. A igreja também gastava uma fortuna adquirindo milhares de relíquias para suas catedrais e ao mesmo tempo lucrando com elas por meio da venda de perdão (indulgência). Por causa disso, a igreja se tornou objeto de ridicularização e sátira em panfletos e livros que foram rapidamente posto à disposição com a invenção da imprensa.

Nos séculos 14 e 15, o misticismo também desafiava a igreja pelo lado de dentro. Um dos grupos mais significativos era a Irmandade da Vida Comum e um dos mais famosos porta-vozes da irmandade foi Tomás à Kempis. A irmandade apôs-se às ordens monásticas católicas e soprou nova vida espiritual na igreja. Enfatizavam a devoção pessoal a Jesus por meio do estudo, meditação, confissão de pecados e a imitação de Cristo. Do mesmo modo, destacavam a obediência, a santidade e a simplicidade. De muitas maneiras, a irmandade prefigurou os reformadores do século 16.

A disponibilidade da Palavra de Deus na forma escrita também enfraqueceu a igreja. John Wycliffe (c. 1329-84) acreditava na Bíblia como autoridade final para o crente e que todo cristão deveria ter a oportunidade de lê-la. Mas a única versão disponível da Bíblia era a latina, conhecida por *Vulgata*. Desse modo, Wycliffe e seus associados traduziram a *Vulgata* para o inglês. Wycliffe também escreveu panfletos argumentando que Cristo — e não o papa — era o cabeça da igreja, que os sacerdotes eram desnecessários e que a crença católica na transubstanciação do pão e do vinho no corpo e no sangue de Cristo era errada.

O mundo do século 16 passou por mudanças surpreendentes. A civilização medieval, dominada pelo catolicismo institucionalizado, estava desaparecendo. As modernas nações-estados desafiavam a igreja pela hegemonia temporal e as viagens de descobertas fizeram com que o mundo parecesse menor. Além disso, a Renascença do norte da Itália havia feito com que muitos deixassem o catolicismo e voltassem a atenção para as glórias da Roma e da Grécia antigas. É nesse mundo em mutação que surge Desidério Erasmo (1466-1536).

Erasmo percebeu ser muito fácil ridicularizar a Igreja Católica Romana. O exemplo mais famoso, a obra intitulada *O elogio da loucura* (1509), ele atacou a imoralidade, a corrupção e a decadência existentes na igreja. Erasmo ridicularizou as superstições eclesiásticas como a devoção fanática de relíquias, histórias de imagens que sangravam e o culto aos santos. Em outro panfleto, ele retratava o apóstolo Pedro castigando o papa Júlio II por sua vida suntuosa, conquistas militares e opulência, negando-lhe a entrada no céu.

Em 1516, Erasmo publicou sua obra mais influente, uma edição do Novo Testamento grego. Ele examinou e comparou alguns dos manuscritos disponíveis do Novo Testamento e citações feitas pelos pais da igreja. O resultado foi um texto grego, preciso, do Novo Testamento que se tornou o Novo Testamento da Reforma. Embora seja um pouco exagerada, a epigrama "Erasmo pôs o ovo que Lutero chocou" retrata a influência de Erasmo.

No século 16, a Reforma da igreja parecia iminente. A única coisa que faltava era a pessoa certa. Martinho Lutero foi o homem. Da parte dele partiu a fagulha da mais significativa Reforma da história da igreja.

PERGUNTAS PARA DEBATE

1. Explique por que os protestantes consideram Gregório I o primeiro papa da Igreja Católica Romana.

2. O que é o monasticismo e quais são alguns dos aspectos positivos desse movimento?

3. De que maneira Deus usou Bonifácio e Patrício na igreja medieval primitiva?

4. Resuma a teologia islâmica e explique por que ela se espalhou tão rapidamente.

5. Resuma as razões pelas quais a igreja se separou em oriental e ocidental em 1054.

6. O que foram as cruzadas e quais foram seus resultados?

7. Quais foram as contribuições de Anselmo e Tomás de Aquino?

ANOTAÇÕES

A igreja da Reforma

A não ser que seja convencido pelo testemunho da Escritura [...] minha convicção vem das Escrituras às quais me reporto, e minha consciência está presa à Palavra de Deus — nada consigo nem quero retratar, porque é difícil, maléfico e perigoso agir contra a consciência. Deus que me ajude, amém.
Martinho Lutero, Dieta de Worms, 1521

Como o capítulo anterior deixa claro, no século 16 o espírito da Reforma permeava toda a Europa. A única pergunta era se a cristandade sobreviveria intacta. Os acontecimentos na Alemanha do século 16 responderam a essa pergunta.

MARTINHO LUTERO

Lutero nasceu em 10 de novembro de 1483, em Eisleben, Alemanha, numa rica família de mineiros de cobre. Orientado firmemente por seu pai, Lutero decidiu formar-se em Direito. Contudo, num certo dia de julho de 1505, uma violenta tempestade jogou-o ao chão e ele clamou: "Ajuda-me, santa Ana! E eu me tornarei um monge"[1]. Esse voto mudou sua vida.

Para a consternação de seu pai, Lutero juntou-se a um claustro agostiniano em Erfurt. Ali, abriu e estudou a Bíblia pela primeira vez. Seu ardente desejo de servir, agradar e amar a Deus se baseava no medo que nutria do

---
1. Roland H. BAINTON. *Here Is Stand:* A Life of Martin Luther. New York: Abingdon, 1950, p. 78.

julgamento de Deus. Para ganhar o favor divino, dedicou-se a um rigoroso programa de estudo, meditação e jejum. Mas sua vida e seu ascetismo rígido não lhe trouxeram paz. Deus era seu juiz, e não seu Salvador.

Em 1511, a ordem agostiniana na qual estava enviou-o para a Universidade de Wittenberg onde completou seu doutorado em Teologia em outubro de 1512. Desse modo, garantiu ali uma posição permanente como professor de Bíblia. Mas sua luta contra a santidade e a justiça de Deus se aprofundou. Em algum momento entre 1517 e 1519 Lutero encontrou a paz procurada. Por meio da leitura do Novo Testamento, especialmente do livro de Romanos, ele passou a entender que a justificação não se dava pelas obras, mas por meio da fé. Nem Lutero nem o mundo seriam mais os mesmos.

Numa região próxima a Wittenberg, um frei dominicano chamado Johann Tetzel estava vendendo indulgências. Eram pequenos pedaços de pergaminho que garantiam o perdão dos pecados mediante pagamento. "Tão logo a moeda no cofre ressoa, do purgatório sai a alma da pessoa." Essa arrogância irritou Lutero. Seus sermões condenavam com fervor as indulgências e, em 31 de outubro de 1517, Lutero pregou suas 95 teses na porta da capela do castelo de Wittenberg para que fossem debatidas. Nelas ele argumentava que as indulgências não poderiam remover a culpa, não se aplicavam ao purgatório e davam a falsa sensação de segurança. Mais tarde, ele escreveu: "O papa não tem jurisdição sobre o purgatório e, se tivesse, deveria esvaziar o lugar sem cobrar nada".[2] A Reforma havia começado.

De 1517 a 1521, a oposição de Lutero à igreja endureceu. Em 1520, ao ser excomungado por Leão, Lutero queimou publicamente a bula papal. Além disso, seus escritos desse período refletiam uma teologia claramente não católica. Ele argumentava que as Escrituras prescreviam apenas duas ordenanças: o batismo e a ceia do Senhor. Ele também rejeitava o dogma católico da transubstanciação. A justificação provinha apenas pela fé; as obras não desempemhavam qualquer papel na salvação.

O mais sério desafio a Lutero aconteceu quando o novo imperador do Sacro Império Romano, Carlos V, ordenou que ele respondesse às acusações na Dieta Imperial de Worms. Quando lhe foi solicitado abjurar seus escritos, Lutero respondeu: "A não ser que seja convencido pelo testemunho da Escritura [...] minha convicção vem das Escrituras às quais me reporto, e minha consciência está presa à Palavra de Deus — nada consigo nem quero retratar, porque é difícil, maléfico e perigoso agir contra a consciência. Deus que me ajude, amém".

Tendo a vida ameaçada, os amigos de Lutero o "sequestraram", levando-o secretamente para o castelo de Wartburg. Enquanto esteve ali, Lutero traduziu o Novo Testamento do grego para o alemão. Enquanto

---

2. Roland H. BAITON, *Here Is Stand*, p. 81.

isso, a revolta contra a Igreja Católica Romana se espalhava. Cidades por toda a Alemanha removiam estátuas religiosas, aboliam a missa e expulsavam sacerdotes das igrejas. À medida que príncipes do Sacro Império Romano optaram por apoiar a causa luterana, a Reforma foi se tornando também uma questão política.

Depois de um ano em Wartburg, Lutero voltou para Wittenberg onde ensinou e pregou até o fim de sua vida. Em 1525, casou-se com Catarina von Bora, ex-freira, com quem teve seis filhos. Ele continuou a escrever de maneira prolífica, produzindo livros de teologia, comentários bíblicos e música. Como pastor, Lutero procurava um método pelo qual a Palavra de Deus pudesse permanecer no coração do povo. O cântico de hinos satisfez essa necessidade. Ele modificou melodias e cânticos antigos, transformando-os em dezenas de hinos, como "Castelo forte é nosso Deus" e "Num berço de palhas".

Filipe Melâncton (1497-1560), amigo íntimo e discípulo de Lutero, surgiu como o teólogo do luteranismo. Ele foi o autor da *Confissão de Augsburgo* (1530) e da *Apologia*, ambas vigorosas declarações da teologia protestante primeva. Contudo, como pacificador tímido e cortês, Melâncton tentou conduzir uma solução de meio termo nos debates teológicos iniciais da Reforma. Raramente satisfez alguém. Nesse sentido, ele personifica a tensão causada pelo debate teológico.

ZUÍNGLIO

Ulrico Zuínglio nasceu em Wildhaus, Suíça, em 1484. Educado nas melhores universidades e ordenado sacerdote, Zuínglio parecia destinado a dedicar a vida ao sacerdócio. Contudo, por meio da pesquisa teológica e de lutas pessoais, ele chegou à fé salvadora em 1516. Em 1523 já estava liderando a Reforma em Zurique. Em 1526, seu ensinamento e sua pregação convenceram o conselho da cidade a permitir o casamento do clero, a abolição da missa, a retirada de imagens e estátuas, o fechamento de mosteiros e o rompimento de todos os laços com Roma. Além disso, os reformadores de Zurique publicaram uma edição do Novo Testamento no vernáculo, em 1524, e da Bíblia completa em 1530, quatro anos antes de a tradução de Lutero estar disponível.

Rompendo seus votos de celibato, casou-se secretamente com Anna Reinhart em 1522. Tornou seu casamento público em 1524. Como Lutero, Zuínglio demonstrou que a liderança espiritual não exigia o celibato. Sua ruptura com Roma foi radical.

Zuínglio estava no centro de um importante debate teológico em relação à ceia do Senhor. Entre 1525 e 1528, uma amarga "guerra de panfletos" foi travada entre os seguidores de Zuínglio e os de Lutero. Ambos os lados rejeitavam a doutrina católica romana da transubstanciação — segundo a qual a oração do sacerdote transformava verdadeiramente os elementos da ceia do Senhor no corpo e no sangue de Cristo. Sua discordância se baseava nas palavras de Jesus "Isto é o meu corpo". Os luteranos sustentavam que Jesus estava presente "em, com e sob" (da *Confissão de Augsburgo*) os elementos e que a participação nos sacramentos fortaleceria o crente espiritualmente (consubstanciação). Os seguidores de Zuínglio consideravam isso um comprometimento desnecessário com o catolicismo. Eles concluíram que, pelo fato de o corpo físico de Cristo não estar mais presente na terra, suas palavras deveriam ser entendidas de maneira simbólica. Os elementos representavam o corpo de Jesus e a comunhão era simplesmente um memorial. O debate permanece até hoje.

Zuínglio acreditava que o Estado e a igreja deveriam reforçar um ao outro na obra de Deus e que não deveria haver separação. Portanto, a Reforma se tornou cada vez mais política e dividiu a Suíça em cantões (Estados) católicos e protestantes. O resultado foi a guerra. Na batalha de Cappel (1531), uma coligação de cinco cantões católicos derrotou Zurique. Zuínglio, capelão das forças de Zurique, foi morto na batalha. Quando descobriram seu corpo, seus inimigos o esquartejaram e queimaram. O ardor de Zuínglio pela Reforma custou-lhe a vida.

CALVINO

Após a morte de Zuínglio, os reformadores suíços precisavam de um líder. João Calvino (1509-64) preencheu esse espaço. Como reformador de Genebra, ele inspirou John Knox, a Reforma holandesa, a Reforma inglesa e os puritanos e peregrinos da América do Norte.

Calvino nasceu na França em 10 de julho de 1509 e estudou Teologia na universidade de Paris e Direito na universidade de Orleans. Em algum momento na década de 1520, ele confiou em Cristo e uniu-se à jovem causa protestante. Uma explosão de fúria antiprotestante forçou Calvino a fugir de Paris. Ele viveu três anos como fugitivo na França, Suíça e Itália.

Durante esse período, Calvino também começou a escrever. Em março de 1536 ele publicou as *Institutas da religião cristã*. Inicialmente um volume pequeno, as *Institutas* passaram por cinco revisões. A edição de 1559 é a definitiva, contendo quatro livros de 80 capítulos. Com o tema "Deus, o Criador e Soberano Governante do mundo", as *Institutas* foram a teologia sistemática da Reforma.

Por fim, Calvino foi para Genebra. O conselho da cidade apontou-o como líder da Reforma, mas ele nunca teve um cargo político e não se tornou cidadão genebrino até 1559. Seu objetivo era fazer de lá uma "comunidade santa", onde as leis divinas seriam as leis humanas. Calvino pregava todos os dias, e duas vezes aos domingos. Estabeleceu uma academia para o treinamento de jovens da cidade e conseguiu organizar o cuidado aos pobres e aos idosos. A Genebra de Calvino era uma comunidade de doutrina e prática e um modelo de vida de acordo com a Reforma.

Pelo fato de Genebra estar estrategicamente localizada, os refugiados protestantes de toda a Europa católica se reuniram naquela cidade. Eles tiveram contato com os ensinamentos de Calvino e, quando voltaram para casa, levaram consigo sua teologia. Esse padrão explica a notável expansão do calvinismo por todo o mundo ocidental.

Além de seu impressionante programa de pregação e ensino, Calvino também produziu muitas obras. Escreveu discursos, tratados teológicos e comentários de 33 livros do Antigo Testamento e de todo o Novo Testamento, com exceção do Apocalipse. Como escreveu em 1871 Philip Schaff: "Calvino foi o fundador da moderna exegese histórico-gramatical" da Palavra de Deus (*History of the Christian Church*, 8.118, 119). O reformador também trocou correspondência com muitas pessoas de toda a Europa.

Calvino é muitas vezes retratado como um fanático disciplinado e autoritário. Essa ideia é bastante imprecisa. Ele amava a vida. Gostava muito de jogos e visitava com frequência a casa de seus seguidores. Ele também passava muitas horas dando aconselhamento matrimonial em sua igreja. Mas foi sua participação na execução de Miguel de Serveto que contribuiu em grande parte para a imagem de Calvino como extremista.

O espanhol Serveto já fora excomungado da Igreja Católica Romana por causa de seus ensinamentos heréticos, em especial pela negação da Trindade. As autoridades de Genebra prenderam Serveto e, numa tentativa de convertê-lo, Calvino fez diversas visitas malsucedidas a sua cela. Assim, com o pleno apoio de outras três cidades protestantes suíças, Genebra executou Miguel de Serveto em 1553.

Pelo fato de acreditar tão fortemente na soberania divina, Calvino afirmava o envolvimento imediato de Deus em todos os aspectos do drama da salvação, incluindo a predestinação e a eleição. O calvinismo — que, mais tarde, foi sistematizado por seus seguidores – é um sistema teológico centralizado em Deus. Nos dias atuais, o calvinismo é comumente resumido no mundo anglófono pelo acróstico TULIP:

> *Total depravity* = Depravação total
> *Unconditional election* = Eleição incondicional
> *Limited atonement* = Expiação limitada
> *Irresistible grace* = Graça irresistível
> *Perseverance of the saints* = Perseverança dos santos

O calvinismo é encontrado hoje na Igreja Presbiteriana, nas igrejas de fé reformada e em alguns grupos batistas.

OS ANABATISTAS

Considerando-se simplesmente a palavra, *anabatista* significa "batizar de novo". O movimento anabatista enfatizava o batismo de crentes, em oposição ao batismo infantil. Mas o termo também se refere a um grande número de grupos de reformadores, muitos dos quais adotaram conceitos bastante radicais nos aspectos sociais, políticos, econômicos e religiosos. Os grupos mais respeitáveis foram os irmãos suíços, os menonitas, os hutteritas e os *amish*.

No que se refere às doutrinas da teologia protestante, a maioria dos grupos anabatistas concorda com os ensinamentos das Escrituras: Trindade, justificação pela fé e expiação. Muitos anabatistas, entretanto, defendiam certas distinções que os tornaram objeto de perseguição de católicos e protestantes. Primeiro, quase todos defendiam o batismo de crentes — a rejeição ao batismo infantil defendido pelo catolicismo e por grupos protestantes. Segundo, a maioria deles defendia o conceito da igreja unida por laços fraternos em vez da igreja estatal. Terceiro, como corolário, muitos defendiam a separação entre igreja e Estado. Quarto, alguns ensinavam que os cristãos deveriam viver em comunidades e compartilhar todas as posses materiais. Quinto, muitos apoiavam a não resistência e, às vezes, o pacifismo. Por último, muitos anabatistas pregavam uma forma rígida de disciplina eclesiástica. Cada uma dessas características marcou o anabatismo como um movimento bastante diferente dos demais grupos da Reforma.

O cuidado excessivo de Zuínglio produziu intolerância, especialmente com relação aos anabatistas. Dois de seus discípulos, Conrad Grebel e Felix Manz, estavam impacientes e desejavam uma reforma mais radical. Eles se tornaram críticos do relacionamento de Zuínglio com o conselho da cidade e romperam com ele quanto à natureza do batismo. Pode-se considerar Grebel e Manz os fundadores do movimento anabatista. Pelo fato de suas crenças serem claramente antagônicas às de Zuínglio e do conselho da cidade, os anabatistas foram multados, aprisionados e martirizados pelas autoridades suíças.

A REFORMA INGLESA

Como nação, a Inglaterra estava pronta para a Reforma. A obra de Wycliffe e seus seguidores, os lollardos, já havia preparado caminho. Os escritos de Lutero circulavam por todo o país. Além disso, William Tyndale (1494-1536) e Miles Coverdale (1488-1568) produziram, cada um, traduções da Bíblia de altíssima precisão que estavam disponíveis a quem quisesse lê-las. Mas o catalisador para a ruptura com Roma surgiu dos problemas matrimoniais do rei inglês, Henrique VIII.

O casamento de Henrique com Catarina de Aragão não produzira filhos; contudo, o caso de Henrique com Ana Bolena resultou em gravidez. Quando Henrique procurou a anulação de seu casamento, o papa se recusou a concedê-la. Por causa disso, em 1534, Henrique removeu a Inglaterra da jurisdição do papa e se autoproclamou chefe da Igreja da Inglaterra (hoje chamada Igreja Anglicana). Henrique também confiscou terras da Igreja Católica Romana.

Pelo fato de forças protestantes e católicas na Inglaterra lutarem pelo controle, confusões e crises reinaram por toda a década seguinte. Contudo, ao chegar ao trono, Elisabete I, filha de Henrique, optou por um caminho mediano, construído sobre a unidade nacional e não sobre considerações teológicas. O cerne de sua solução foi que a Igreja Anglicana seria protestante em sua teologia e católica em seus rituais. Desse modo, ela neutralizou o catolicismo na Inglaterra, mas não satisfez seus mais ardorosos críticos, os puritanos.

O puritanismo foi um movimento complexo que, no primeiro instante, desejava a purificação da Igreja Anglicana. Os puritanos desejavam completar a Reforma na Inglaterra. Eles afirmavam que Elisabete não fora longe o suficiente em suas reformas. Congregacionais na liderança eclesiástica e calvinistas na teologia, mais tarde os puritanos seriam expulsos da Igreja Anglicana. Isso, por sua vez, provocou a imigração de muitos deles para a América do Norte.

JOHN KNOX E A ESCÓCIA

Alternando muitas vezes sua lealdade entre a Inglaterra e a França, a Escócia estava presa num conflito geopolítico. A Reforma alimentou a instabilidade. No meio desse conflito estava John Knox (1514-72).

Temendo o avanço da Reforma, os católicos que controlavam a Escócia apelaram para a França em busca de ajuda. Em função disso, em 31 de julho de 1547 a marinha francesa chegou a St. Andrews, tomou a fortaleza e levou todos os ocupantes de volta para a França. Entre os capturados estava Knox. Fracassaram os esforços de convertê-lo à doutrina católica. Seu aprisionamento se tornou o divisor de águas de sua vida, transformando-o num revolucionário pela causa de Cristo.

Liberto da prisão depois de dezenove meses, Knox partiu para a Inglaterra onde se uniu a forças reformistas leais a Thomas Cranmer. Durante mais de dois anos ele atuou como evangelista itinerante, proclamando o evangelho da Reforma em Berwick e Newcastle. Mas o "rei menino", Eduardo VI (protestante devoto e admirador de Knox), morreu em 1553, fazendo com que Maria Tudor (católica convicta) se tornasse rainha. Ela ficou conhecida por "Maria, a Sanguinária", e seu reinado se concentrou na perseguição sistemática e impiedosa dos protestantes. Consequentemente, Knox fugiu do país, indo para a Alemanha.

Durante seu exílio na Europa (1554-59), Knox pastoreou uma igreja de exilados em Frankfurt (Alemanha), e desenvolveu um relacionamento próximo com João Calvino e outros reformadores. O pastorado de Knox em Genebra foi dos mais produtivos, pois ele ajudou a traduzir a importante *Bíblia de Genebra*, uma das primeiras Bíblias realmente voltadas ao estudo, contendo notas, mapas e orações.

Ele também escreveu a famosa obra, *Primeiro clarim contra o monstruoso governo de mulheres*, uma polêmica mordaz direcionada à rainha Maria e a seus seguidores católicos. Nesse panfleto, Knox desenvolveu sua posição sobre os direitos dos cidadãos diante de um governante injusto. Teriam eles o direito de depor aquela autoridade? Knox dizia que sim. Ele baseava seu argumento nas Escrituras, especialmente no caso de Atalia (2Rs 11), que foi deposta e executada sob as ordens do sacerdote Joiada. Knox também defendeu a ideia de que, quando o governante não apóia a verdadeira igreja — fazendo referência à rainha Maria — o trono deste governante está em perigo.

Com o país à beira da guerra civil, Knox retornou à Escócia em maio de 1559 para liderar a causa protestante. Em decorrência de complicados envolvimentos políticos em muitas frentes, a guerra foi declarada e logo atraiu a Inglaterra e a França. Knox era o coração e alma das forças protestantes — como oficial de recrutamento e até mesmo como espião da Inglaterra por trás das forças francesas. A guerra terminou em 1560 e o Tratado de Edimburgo reconheceu o presbiterianismo. O novo parlamento adotou a *Primeira confissão escocesa*, escrita por Knox e outros, como a confissão teológica da Escócia. Ela permaneceu nesta condição até o surgimento da famosa *Confissão de fé de Westminster*, em 1647.

O espírito da Reforma também impactou o catolicismo. À medida que respondia aos avanços do protestantismo, a Igreja Católica Romana implementou reformas anteriores ao aparecimento de Lutero. Essa resposta é geralmente chamada Contra-Reforma católica, o assunto do próximo capítulo.

PERGUNTAS PARA DEBATE

1. Por que o dia 31 de outubro de 1517 é tão importante para a Reforma?

2. Resuma a discordância de Lutero com a Igreja Católica Romana.

3. A contribuição de Zuínglio para a Reforma girava em torno da ceia do Senhor. Qual era seu conceito?

4. A influência de João Calvino foi imensa. Qual foi seu papel como líder em Genebra?

5. Resuma os ensinamentos de Calvino representados pelo acróstico TULIP.

6. Quem eram os anabatistas? Cite algumas das crenças distintivas desse movimento.

7. Detalhe o papel que Henrique VIII e sua filha Elisabete desempenharam na Reforma inglesa.

8. Quem foi o incontestável líder da Reforma escocesa?

ANOTAÇÕES

A Igreja Católica Romana responde

*Se alguém diz que o pecador é justificado apenas pela fé [...]
seja considerado anátema.*
Concílio de Trento, 1563

A reação da Igreja Católica Romana do século 16 ao protestantismo não foi repentina. O espírito da Reforma já estava presente na Espanha. Contudo, a energia e o zelo do protestantismo colocaram o catolicismo na defensiva e fizeram com que ele respondesse de maneira agressiva. Essa resposta foi a Contra-Reforma católica.

ESPANHA

O espírito da reforma católica precedeu Martinho Lutero na Espanha. O entusiasmo pela expulsão dos muçulmanos e a piedade e do misticismo medievais forneceram o combustível para a reforma da igreja ali. Quando começou seu governo em Castela em 1474, a rainha Isabel trouxe consigo o grande desejo de reformar o catolicismo espanhol e rapidamente ganhou a aprovação papal por seu fervor. O cardeal Francisco Ximenes (1436-1517), arcebispo de Toledo, surgiu como principal patrocinador de Isabel na reorganização do catolicismo espanhol. Numa campanha pela santidade, Ximenes e Isabel decidiram limpar os mosteiros e os conventos da Espanha. Eles exigiam renovação dos votos monásticos, enfatizaram a pobreza entre o clero, reforçaram a necessidade de um clero instruído e purgaram os mosteiros da corrupção e da imoralidade.

Ximenes e Isabel exigiram altos padrões dos estudiosos, considerados por ambos a chave para a liderança eficiente. Assim, fundaram a Universidade de Alcalá, fora de Madrid, que se tornou indispensável centro da vida religiosa e literária espanhola. A Universidade de Alcalá foi também fundamental na publicação de uma nova edição multilíngue da Bíblia, que incluía as Escrituras em hebraico, grego e a *Vulgata* latina, todas em colunas paralelas. Ximenes comentou sobre essa Bíblia: "Esta edição da Bíblia [...] abre as fontes sagradas de nossa religião, a partir das quais flui uma teologia mais pura do que qualquer outra derivada de fontes menos diretas" (Gonzalez, 2.112). Por meio desta publicação de 1520, Ximenes e Isabel declararam a supremacia das Escrituras sobre a tradição da igreja.

Contudo, a reforma espanhola dificilmente pode ser considerada modelo de tolerância. O papa deu a Isabel e a seu marido, Fernando, a autoridade para usar a Inquisição, o tribunal eclesiástico, para forçar a aderência à doutrina e às práticas da igreja. Os judeus foram vítimas especiais da intolerância real. Em 1492, a coroa espanhola decretou que todos os judeus deveriam aceitar o batismo cristão ou então deixar os territórios espanhóis. Cerca de 200 mil judeus fugiram da Espanha por conta disso, a maioria deles deixando terras, posses e, alguns, perdendo a própria vida. A coroa espanhola promulgou leis similares que atingiam os muçulmanos espanhóis, chamados mouros. Ximenes, agora o Grande Inquisidor, perseguiu impiedosamente os mouros e forçou-os à conversão.

OS JESUÍTAS

Várias novas ordens monásticas se somaram à energia emanante da Espanha católica. Nenhuma foi mais influente que a Companhia de Jesus (os jesuítas), fundada pelo espanhol Inácio de Loyola (1491-1556). Inácio viveu uma vida de luxúria e prazer até ser severamente ferido em batalha. Esse ferimento fez com que mancasse pelo resto da vida. Enquanto se recuperava, Inácio devorou literatura religiosa e, em 1522, dedicou sua vida a Deus e à igreja. Essa devoção levou-o a fundar a Companhia de Jesus em 1534. Seguindo um modelo militar, a organização jesuíta respondeu de maneira rápida e eficaz aos desafios e às oportunidades da Igreja Católica Romana.

A missão dos jesuítas dividia-se em três partes: educação, luta contra as heresias e missões. Por meio de seus ensinamentos e pregações, os jesuítas reconquistaram o controle de partes da Alemanha e da Europa Central para a Igreja Católica Romana. Francisco Xavier (1506-52) foi o mais destacado missionário jesuíta, ministrando no Japão, no extremo Oriente, nas

Índias Orientais e em partes da América do Norte. Os missionários jesuítas batizaram milhares de pessoas na fé católica romana.

Os ataques dos jesuítas contra as heresias significavam ataques contra o protestantismo. Os jesuítas utilizaram duas armas: o *Index librorum prohibitorum* [*Índex de livros proibidos*] e a Inquisição. Consistia numa lista de livros que os católicos estavam proibidos de ler, controlando a mente do fiel. A Inquisição — tribunal eclesiástico originariamente estabelecido em 1490 — raramente seguia o devido processo e, com frequência, valia-se de tortura. Seu objetivo principal era obter a confissão e a retratação de crenças heréticas dos acusados. Se fossem considerados culpados, os acusados enfrentavam prisão ou execução. A corte do inquisidor raramente mostrava misericórdia. Em países como Itália, Espanha, Portugal e Bélgica, a Inquisição foi bem-sucedida em erradicar a ameaça protestante.

PAULO III

O mais importante papa da Contra-Reforma foi Paulo III (de 1534 a 1549). Um homem enigmático, Paulo parecia confiar mais na astrologia que na teologia. Como outros papas do período da Renascença, foi imoral e esforçou-se muito para transformar Roma numa cidade gloriosa de riqueza e prestígio. Entretanto, ele foi também um reformador. Reconheceu os jesuítas como ordem eclesiástica legal em 1540, apontou homens dedicados como cardeais da igreja e organizou um comitê de nove membros para investigar abusos na igreja e recomendar reformas. Seu ato mais importante, porém, foi a convocação do Concílio de Trento, em 1545.

O CONCÍLIO DE TRENTO

O Concílio de Trento foi a resposta católica definitiva ao protestantismo. O conclave deliberou de 1545 a 1563, num total de 25 sessões. O concílio avaliou que o protestantismo foi o resultado da "ambição, avareza e cobiça" dos bispos católicos. Ele também exigiu a educação sistemática e o treinamento do clero em seminários católicos estabelecidos. Nesses seminários, a igreja promovia o estudo de Tomás de Aquino, transformando-o no principal teólogo católico. Em resposta direta aos luteranos, o concílio também aboliu a venda de indulgências, relacionou e definiu as obrigações do clero, regulamentou o uso de relíquias e ordenou a reestruturação dos bispos na igreja.

O trabalho doutrinário de Trento é resumido na *Profissão de fé tridentina*, que defendeu o dogma católico romano e forneceu a principal resposta teológica aos protestantes. Trento rejeitou a justificação apenas pela fé e promoveu a necessidade de obras meritórias como necessárias na dinâmica da salvação. O concílio também confirmou os sete sacramentos concessores de graça instituídos por Cristo — batismo, crisma, comunhão, penitência, unção dos enfermos, ordens e matrimônio — como necessários à santificação. Também se reafirmou a transubstanciação e a natureza sacrificial da missa, rejeitando claramente todas as posições protestantes em relação à ceia do Senhor. Por fim, o concílio declarou que apenas a Bíblia latina (a *Vulgata*) era aceitável para uso da igreja e manteve a afirmação de que a tradição da igreja possuía a mesma autoridade das Escrituras. Fica claro que a declaração tridentina tornou impossível a reconciliação com o protestantismo.

ESPIRITUALIDADE CATÓLICA

O misticismo e a espiritualidade medievais também contribuíram com uma nova energia para o catolicismo institucionalizado. Por toda a Europa católica brotou uma ênfase na oração, na meditação, no exame da consciência, na leitura das Escrituras e na comunhão com Deus. Muito desse novo vigor antecedeu Martinho Lutero e foi bastante crítico com relação à hierarquia da igreja. As obras *Imitação de Cristo*, de Tomás à Kempis, e *Exercícios espirituais*, de Inácio, exemplificam a literatura da espiritualidade católica disseminada na Europa.

A GUERRA DOS TRINTA ANOS

A Reforma deu início a uma série de guerras religiosas por todo o continente europeu. Todas foram sangrentas e horríveis. A última delas foi a Guerra dos Trinta Anos (1618-48). A Paz de Augsburgo, de 1555, colocara o luteranismo na mesma base legal que o catolicismo romano na Alemanha. O príncipe de uma região deveria determinar a religião de seu território, mas qualquer dissidente poderia emigrar para outro território. Para preservar a dominação católica no sul da Alemanha, o acordo ordenava que os governadores católicos que se tornassem luteranos precisavam abdicar do governo. O acordo também deixou de fora os calvinistas, os anabatistas e outros protestantes. Em muitos aspectos, Augsburgo não resolveu nada.

Começando na Boêmia, a Guerra dos Trinta Anos varreu a Europa Central e a Alemanha, envolvendo todos os principais poderes europeus. A Paz de Westfália, que pôs fim à guerra em 1648, foi o resultado de longas e complicadas negociações. França e Suécia receberam grandes quantidades de terra e os príncipes alemães obtiveram maior poder e influência às expensas do imperador. O tratado também reconheceu o calvinismo, o luteranismo e o catolicismo como religiões legais e permitiu que cada governante determinasse a religião de seu domínio. A Reforma havia acabado.

Os efeitos da guerra, contudo, foram devastadores para o cristianismo. Questões religiosas eram tratadas com cada vez mais indiferença pelos líderes políticos. Assuntos seculares e egoístas eram agora as principais preocupações das nações-estados emergentes e secularizadas. A barbárie e a brutalidade da guerra fizeram com que muitos questionassem o evangelho cristão. Como era possível considerar verdadeira a fé que produzira tamanhas atrocidades? A doutrina abriu espaço para a dúvida e o ceticismo.

Na Contra-Reforma católica, o catolicismo institucionalizado encarou honestamente as próprias falhas e respondeu à ameaça do protestantismo. A maioria das táticas ofensivas da Contra-Reforma terminaram sendo extintas — a Inquisição em 1854 e o *Index* em 1966. Mas a profissão de fé tridentina dogmatizou os diferenciais teológicos católicos e impossibilitou a reconciliação com os protestantes. Hoje, católicos e protestantes enfrentam uma nova ameaça: o mundo moderno. O arcabouço intelectual do modernismo é o assunto dos próximos dois capítulos.

PERGUNTAS PARA DEBATE

1. Por que podemos dizer que a Contra-Reforma católica começou antes de Lutero?

2. Por que os jesuítas foram tão importantes na resposta católica ao protestantismo? Quais foram as armas usadas por eles?

3. Que papa convocou o Concílio de Trento?

4. Por que a profissão de fé tridentina tornou impossível a reconciliação com os protestantes?

5. Que guerra religiosa pôs fim à Reforma? De que maneira essa guerra afetou o cristianismo?

Os sete sacramentos da Igreja Católica Romana reafirmados no Concílio de Trento (1545-63)

Batismo

Confirmação (Crisma)

Comunhão

Penitência

Unção dos enfermos

Ordens

Matrimônio

ANOTAÇÕES

A igreja e a revolução científica

A natureza e as leis da natureza estavam ocultas na noite; Deus disse:
"Haja Newton", e tudo se fez luz.
Alexander Pope

A revolução científica do século 17 deu à luz a cultura moderna. A ciência moderna é produto da Reforma e do início do naturalismo moderno, que rejeita o papel do sobrenatural no mundo físico. Como aconteceu esse desenvolvimento?

A REFORMA E A CIÊNCIA MODERNA

A Reforma desafiou a autoridade do catolicismo romano, o qual havia dogmatizado como teologia uma visão científica particular do mundo. Essa cosmovisão é muitas vezes chamada modelo aristotélico-ptolomaico, construído sobre o pensamento do filósofo grego Aristóteles (384-22 a.C.) e do cientista e filósofo grego Ptolomeu (segundo séc. d.C.). Esse conceito do mundo tornou-se parte da teologia católica por meio das obras de Tomás de Aquino. De acordo com esse modelo, a terra era o centro do universo, o movimento dos corpos celestes era perfeitamente circular e os corpos celestes eram imunes à mudança, obedecendo leis de movimento diferentes das que governavam a terra. Portanto, havia dois reinos separados — o reinos dos mundos mais elevados do céus e o mundo inferior da terra. A revolução científica destruiu esse modelo.

O catolicismo romano argumentava que a autoridade residia nas Escrituras, na tradição e na igreja institucionalizada. A Reforma contradisse isso, afirmando que a autoridade repousava apenas nas Escrituras. A afirmação de Lutero *sola Scriptura* era uma clara rejeição ao dogma católico, considerando-o nulo e errôneo, incluindo os detalhados argumentos dos escolásticos. Para muitos, essa rejeição incluía as especulações científicas. A mudança da fonte da autoridade religiosa, da igreja institucional, para a Bíblia desempenhou um papel fundamental no avanço da aceitação das novas ideias científicas.

Além disso, os protestantes desafiaram o mundo ocidental a rejeitar as especulações filosóficas da teologia católica desenvolvidas separadamente das Escrituras. A filosofia de Aristóteles, que tão fortemente influenciou Tomás de Aquino, levou o catolicismo a fazer conjecturas vãs e inúteis (e.g., a veneração de Maria, o purgatório, a missa). Se a operação natural da razão humana não fosse controlada pela Bíblia, poderia levar apenas ao erro e à presunção. Os protestantes afirmavam que era exatamente isso o que acontecera com a teologia católica. Os pensadores do século 17 concordavam e, além da teologia católica, rejeitaram as especulações científicas.

Por fim, as afirmações protestantes sobre a soberania de Deus, especialmente na dinâmica da salvação, lançaram os fundamentos para o pensamento científico do século 17. Tanto Lutero quanto Calvino afirmavam a soberania absoluta e o governo de Deus sobre a criação. O alcance da depravação humana era tão grande que apenas a intervenção ativa de Deus, por meio de sua graça, poderia salvar uma pessoa, o que apontava para as doutrinas da eleição e da predestinação.

A soberania de Deus, com seu envolvimento ativo e dinâmico, implicava a ausência de intermediários, quer estivessem presentes na salvação, quer no mundo natural. O catolicismo via o mundo como uma hierarquia, com muitos intermediários entre Deus e o mundo físico. Isto não acontecia no protestantismo. Lutero e Calvino consideram apenas Jesus o intermediário; não há apoio bíblico para incluir a igreja nessa mediação. De maneira similar, Deus agia diretamente na natureza. Estudar a natureza era estudar Deus trabalhando. Tanto o protestantismo quanto a nova ciência afirmavam chegar à verdade ao estudar a Palavra divina e o mundo de Deus.

UM NOVO MODELO PARA O MUNDO FÍSICO

Enquanto a Reforma desafiava os pressupostos católicos, os cientistas do século 17 desafiavam as pressuposições naturais. Todos eles trabalhavam com base numa visão de mundo cristã e não consideravam sua obra uma ameaça ao cristianismo. Cada um acreditava que estudar o mundo provava que Deus era um ser de ordem, propósito e planejamento. Por meio de seu estudo, eles também desmantelaram o velho modelo aristotélico e formularam um novo modelo para o universo.

A ciência moderna nasceu à medida que os filósofos fizeram novas perguntas sobre como os seres humanos pensavam e obtinham conhecimento. O filósofo inglês Francis Bacon (1561-1626) propôs um novo método para alcançar o conhecimento e a verdade. Esse método envolvia o registro sistemático dos fatos que, então, levavam a hipóteses experimentais testadas mediante experiências. O resultado final desse método indutivo transformou-se nos princípios universais e nas leis científicas.

Mais importante foi o filósofo francês René Descartes (1596-1650), que começou sua metodologia duvidando de tudo, exceto da dúvida. Pelo fato de duvidar, ele existia: "Penso, logo existo" (*Discurso do método*). Em segundo lugar, ele acreditava ser capaz de provar a existência de Deus. Descartes tinha em mente a ideia do "ser perfeito". Essa ideia, concluiu, poderia apenas ter sido colocada ali pelo próprio Deus. Portanto, os seres humanos possuem certas ideias inatas que formam os blocos de compreensão e conhecimento. Essas ideias inatas possuem suas fontes em Deus. Por meio do processo da razão — Descartes concluiu mais tarde —, os seres humanos construíam sobre esses preceitos claros e distintos e chegavam aos princípios universais. Este é o método da dedução.

Em contraste com o conceito de Descartes sobre as ideias inatas, encontrava-se o empirismo de John Locke (1632-1704). Ele rejeitava as ideias inatas de Descartes e, ao contrário, argumentava que o conhecimento é derivado da experiência. De que maneira essa visão afeta assuntos de fé? Locke argumentava que a fé é um assentimento ao conhecimento derivado da revelação, e não da razão. Portanto, seu conhecimento nunca é certo, mas apenas provável. Em 1695, Locke publicou a obra *A razoabilidade do cristianismo*, na qual afirmou que o cristianismo é a crença religiosa mais razoável. A essência da fé cristã é a crença na existência de Deus e a fé pessoal em Jesus como o Messias. Mas essas verdades são prováveis, e não certas, acreditava ele. Locke argumentava que alguém deve separar julgamentos prováveis de fé na certeza da razão empírica. Bom comportamento e tolerância para com outras crenças são mais importantes que a estreiteza da doutrina cristã. São óbvias as devastadoras implicações do pensamento de Locke sobre o cristianismo.

Foi na disciplina científica da astronomia que a experimentação, a observação e o raciocínio matemático encontraram sua união. Nicolau Copérnico (1473-1543), na obra *Sobre o movimento das esferas celestes*, argumentou que a terra girava em torno do Sol a cada 24 horas, desafiando desse modo o universo centralizado na terra de acordo com Aristóteles e Tomás de Aquino. Johannes Kepler (1571-1630) apresentou provas matemáticas da teoria de Copérnico e descobriu que a órbita dos planetas descreve uma elipse, e não um círculo perfeito como pensava Aristóteles. Galileu Galilei (1564-1642), usando o recém-inventado telescópio, descobriu montanhas na Lua, observou manchas no Sol e descobriu uma lua em Júpiter. Todas essas descobertas demonstravam que nem todos os corpos celestes orbitavam a terra e que também acontecem mudanças nos céus.

A figura central da revolução científica, porém, foi Isaac Newton (1642-1727). Newton sintetizou Kepler e Galileu ao afirmar que um princípio geral — a lei da gravidade — explicava o movimento no universo. Essa lei se aplica tanto à terra quanto aos céus. Newton propôs, assim, a ordem, a consistência e a uniformidade para todo o universo. Na questão das leis naturais de Deus, não havia distinção entre céu e terra. O trabalho de Newton foi tão profundo que Alexander Pope escreveu no *Epitaph. Intended for Sir Isaac Newton, in Westminster abbey* [*Epitáfio do Sir Isaac Newton, na Abadia de Westminster*] (1730): "A natureza e as leis da natureza estavam ocultas na noite; Deus disse: "Haja Newton", e tudo se fez luz".[1]

A REAÇÃO DO QUACRISMO, DO PIETISMO ALEMÃO E DO METODISMO

O protestantismo do século 17 tornara-se frio, impessoal e, para alguns, sufocante. Muitos movimentos de reforma desenvolveram-se em resposta a isso. Um deles foi o quacrismo. Fundado na Inglaterra por George Fox (1624-91), o quacrismo afirmava haver descoberto o verdadeiro significado da fé e do cristianismo. Hinos, ordens de culto, sermões, sacramentos, credos e ministros eram impedimentos humanos à verdadeira liberdade cristã, encontrada no Espírito. Fox acreditava que existia uma semente em todos os seres humanos, chamada "luz interior", que cada pessoa deve seguir para encontrar Deus. Esta luz interior é a chave para reconhecer e aceitar a presença de Deus e compreender sua Palavra.

Os seguidores de Fox ficaram conhecidos por "amigos" e, por causa do tremor que muitas vezes acompanhava sua adoração, outros se referiam a eles como os "quacres" ("os que tremem"). Pelo fato de os quacres rejeitarem qualquer tipo de estrutura de culto, sua adoração acontecia em silêncio. Quando o Espírito os movia, homens e mulheres tinham a liberdade de falar e orar em voz alta. Numa era de conformidade, estrutura e ortodoxia, o quacrismo se desenvolveu como expressão do individualismo radical. Intensamente perseguidos, muitos quacres fugiram da Inglaterra rumo à liberdade das colônias americanas, especialmente a da Pensilvânia.

---

1. John BUTT (Ed.). *The poems of Alexander Pope*. New Haven, Conn.: Yale University Press, 1963, p. 808.

Outra importante resposta ao formalismo protestante maduro foi o pietismo alemão, definido como "movimento de renovação da fé cristã que surgiu na Igreja Luterana alemã em fins do século 17". Pietistas alemães como John Arndt (1555-1621), Philipp Spener (1635-1705), August Francke (1663-1727) e Nicholas von Zinzendorf (1700-60) reavivaram a fé luterana alemã. Eles acreditavam que os cristãos deveriam se encontrar em pequenas reuniões familiares para poder compreender melhor a Bíblia. Os leigos, e não apenas os ministros profissionais, deveriam poder exercer seu sacerdócio espiritual. Embora se acreditasse na importância da mente, os pietistas davam grande ênfase ao lado prático do cristianismo, enfatizando a santidade pessoal. As controvérsias religiosas precisavam ser abordadas com um espírito de amor. Por fim, os pietistas acreditavam que o púlpito deveria servir para instrução, edificação e inspiração dos crentes, e não para a leitura de discursos sobre pontos obscuros da doutrina.

O pietismo soprou nova vida no sossegado e inerte cristianismo europeu, influenciando também o desenvolvimento do cristianismo americano e das missões modernas (v. os caps. 10 e 11). Mas sua influência sobre a natureza experimental do cristianismo muitas vezes aconteceu à custa da doutrina. O desenvolvimento posterior do cristianismo europeu demonstraria o perigo dessa ênfase.

Outra resposta ao cristianismo frio e isolado foi o metodismo. Fundado por John Wesley (1703-91), o metodismo surgiu a partir da Igreja Anglicana. Membro do Clube Santo da Universidade de Oxford, Wesley passava por dificuldades quanto à santidade pessoal. Ele pastoreou e até mesmo serviu como missionário na colônia americana da Geórgia. Mas somente depois de entrar em contato com os pietistas morávios é que teve um encontro com o Senhor. Em 24 de maio de 1738, numa reunião dos morávios na rua Aldersgate, em Londres, Wesley confiou em Cristo como seu Salvador pessoal.

Wesley dedicou o resto de sua vida à pregação do evangelho. Viajou por toda a Inglaterra, especialmente nos novos centros industriais, onde o metodismo cresceu rapidamente. Ele também permitiu o trabalho de mulheres e de pregadores leigos para espalhar a mensagem de salvação. Estratégias similares levaram o metodismo à fronteira americana, onde se espalhou rapidamente. O metodismo trouxe nova vida para o cristianismo inglês.

Diante da revolução científica, o antigo modelo do universo estava morto. Um novo modelo havia nascido. A terra era um dentre muitos planetas que orbitavam o Sol, e não o centro do universo. As leis universais da física aplicavam-se a todos os planetas e a todos os corpos celestes. O século 17 via o universo cada vez mais como uma máquina operando de acordo com leis físicas, que podiam ser descobertas e entendidas pela razão, além de serem expressas matematicamente. A pergunta agora era: Qual é o papel de Deus? A visão da Reforma, de acordo com a qual Deus era Criador e Soberano do mundo ainda era válida? Se as leis físicas do universo podiam ser descobertas por meio da razão, seria possível que a razão fornecesse o conhecimento sobre o homem, como a Física? A verdade é algo que se descobre ou que é revelado? Essas eram algumas perguntas que a revolução científica levantou e com as quais o quacrismo, o pietismo e o metodismo tiveram de lidar. Suas respostas foram diferentes das respostas do Iluminismo, o assunto no próximo capítulo.

PERGUNTAS PARA DEBATE

1. Explique brevemente o modelo de universo defendido por Aristóteles. Qual teólogo católico romano tornou o conceito de Aristóteles parte da teologia católica?

2. Explique de que maneira a Reforma ajudou a preparar o caminho para a revolução científica.

3. Mostre o papel desempenhado por cada um dos cientistas abaixo na demolição do antigo modelo do universo físico:

a) Bacon

b) Descartes

c) Copérnico

d) Kepler

e) Galileu

g) Newton

4. Quais foram os elementos-chave na nova visão de mundo da revolução científica?

ANOTAÇÕES

A igreja, o Iluminismo e o liberalismo teológico

O Iluminismo representa a saída do homem do estado autoimposto de menoridade [...]
"Tenha coragem de fazer uso do próprio entendimento" é o lema do Iluminismo.
Immanuel Kant, 1793

O Iluminismo do século 18 foi um movimento de ideias que buscava libertar a humanidade do erro e do preconceito e alcançar a verdade, o que, por sua vez, produziria a liberdade. Muitos pensadores iluministas tinham como alvo a religião, pois eles a consideravam algo que incorporava o erro e o preconceito tão abominados. Em especial, consideravam o cristianismo e todas as outras religiões irracionais e inadequadas à época científica. O Iluminismo procurava explicações racionais para tudo o que era real, e a religião não era exceção.

O ILUMINISMO

Enquanto a revolução científica apresentava a ordem e a racionalidade do universo e descobria as leis que controlam o universo físico, o Iluminismo desejava examinar as instituições humanas para encontrar nelas o mesmo tipo de ordem e coerência e, assim, postular leis que governassem a sociedade. Em resumo, buscava-se uma ciência humana que libertasse os homens de todas as amarras. Os principais pensadores do Iluminismo foram Voltaire

(1694-1778), Jean Jacques Rousseau (1712-78), Denis Diderot (1713-84) e David Hume (1711-76).

Todos os pensadores iluministas eram críticos. O método da crítica era o motor que impulsionava a análise das instituições da sociedade, incluindo a igreja, a lei e até mesmo o governo. O filósofo francês Peter Gay disse: "Todas as coisas devem ser examinadas, debatidas, investigadas, sem exceção e sem levar em conta os sentimentos de quem quer que seja" (*The Enlighnment: An interpretation*, 1.128). Confiando na razão humana e na ciência, o Iluminismo defendeu a destruição de todas as barreiras à liberdade e à autonomia dos seres humanos.

Além disso, o século 18 foi um período de ceticismo, no qual muitas pessoas duvidaram da certeza do conhecimento de verdades absolutas e universais. O filósofo escocês David Hume foi a figura principal desse comprometimento com o ceticismo. A posição central de Hume era a ideia de que nenhuma generalização sobre a experiência pode ser justificada racionalmente. Como Norman Geisler demonstrou, Hume afirmava que nenhuma proposição sobre a experiência é necessária, pois alguém pode facilmente imaginar um mundo onde essa proposição pudesse ser falsa. Como generalização sobre a realidade, a afirmação "o sol se levantará amanhã" não é necessária, pois podemos conceber um mundo como o nosso no qual o sol não se levante amanhã. Para Hume, a probabilidade não leva à certeza. Portanto, ele negou a certeza dos relacionamentos de causa e efeito, investiu contra os argumentos favoráveis à existência de Deus e produziu um feroz ataque sobre a crença em milagres.

John Locke (1632-1704) incorporou a devoção ao empirismo, uma característica decisiva do Iluminismo. Para Locke, os humanos nasciam sem um senso de certo ou errado ou de quaisquer verdades inatas. Em vez disso, a mente humana era como um quadro em branco que, por toda a vida, é preenchido com dados vindos dos sentidos. Ele não confiava em mistérios e nas doutrinas do cristianismo que não pudessem ser empiricamente comprovados, e não raro os descartava. Seguindo Locke, muitos pensadores iluministas repudiaram todas as religiões, incluindo o cristianismo, considerando-as meras superstições. Eles achavam que a religião precisava ser substituída por um sistema ético eracional.

Contudo, a maioria dos pensadores iluministas não era composta de ateus; muitos deles eram deístas. Embora seja uma filosofia difícil de resumir, o deísmo proclamava que Deus criou o mundo para funcionar mediante leis naturais perfeitas. Mas Deus não intervinha mais no funcionamento atual, seja por revelação seja por milagre. Desse modo, os o deístas rejeitavam a Bíblia, os milagres do evangelho, a encarnação e a ressurreição. O deísmo é um sistema no qual Deus é um proprietário de terras ausente que não se envolve com a criação física. Ele criou seu relógio perfeito e depois se ausentou.

O deísmo de Voltaire talvez seja o mais representativo. Ele escreveu: "Eu creio em Deus; não no Deus dos místicos, mas no Deus da natureza, o grande Geômetra, o Arquiteto do universo, a causa original, inalterável, transcendente, eterna. [...] Sempre estarei convencido de que o relógio prova a existência do relojoeiro e de que o universo prova a existência de Deus" (citado por Ben Ray Redman, *The Portable Voltaire*, p. 196). Voltaire rejeitava a revelação especial de Deus na Bíblia, mas aceitava o Deus que criara o universo físico. O Deus dos deístas era o Criador, mas não o Salvador!

O Iluminismo teve um efeito devastador sobre o cristianismo. Primeiramente, por causa do empirismo de Locke, o Iluminismo afirmava a bondade inerente do homem. Não havia doutrina do mal inato ou do pecado original. Segundo, para o Iluminismo, o ambiente humano era determinante para moldar o caráter e a inteligência. A educação era crucial para desenvolver os sentidos, buscar a ciência e mudar a perspectiva e o preconceito humanos. Ela era a chave para transformar as pessoas. Terceiro, o Iluminismo foi um movimento totalmente centrado no homem. A crença na bondade humana inerente preconizava que, sob as circunstâncias adequadas, não havia nada inalcançável para os seres humanos.

Mais para o fim do século 18, a doutrina do progresso caracterizou a mente iluminista. O homem estava numa escada rolante e nada podia impedi-lo de chegar ao topo. O progresso moral, espiritual e tecnológico parecia inevitável. Por fim, o Iluminismo levantou sérios questionamentos sobre a necessidade da existência de Deus. Dada a ênfase na razão e na ciência, Deus parecia irrelevante e desnecessário. Com a rejeição da revelação objetiva e o ceticismo em relação ao sobrenatural, como era possível saber alguma coisa sobre Deus? Esta redefinição do divino lançou o fundamento para o liberalismo teológico do século 18.

O Iluminismo também alterou a relação da fé e da razão entre seus seguidores. Já perto do fim do Iluminismo, Immanuel Kant (1724-1804) escreveu vários livros atacando as provas tradicionais favoráveis à existência de Deus. Para Kant, o reino do conhecimento estaria dividido em dois domínios separados, um cognoscível (o *fenômeno*) e outro incognoscível (o *númeno*). Perguntas sobre Deus, imortalidade e liberdade do ser humano se encaixavam na segunda categoria, para a qual nenhuma verificação empírica era possível. Desse modo, Kant bloqueou a estrada que levava ao conhecimento de Deus por meio da razão. Não era possível conhecer a Deus, afirmava ele, pois não havia maneira de verificar racionalmente a sua existência.

Para Kant, então, o que era religião? A religião era, em grande parte, centralizada no homem em sua orientação e baseada no sentido de dever e obrigação. Para Kant, a religião não era um conjunto objetivo de crenças baseadas na revelação de Deus ao homem. Em vez disso, vivia-se *como se* Deus existisse e como se devêssemos prestar-lhe contas. A religião pessoal era um conjunto de aspectos éticos, não uma teologia proposicional. Como teólogo, o dr. Norman Geisler comentou: "Kant expulsou Deus da porta da frente, saiu correndo e permitiu que ele entrasse pela porta dos fundos" (extraído de um discurso feito na Grace University). De acordo com Kant, não se sabe com certeza se Deus existe, mas se deve viver como se ele existisse!

O ILUMINISMO E O LIBERALISMO TEOLÓGICO

Pelo fato de Kant ter bloqueado, para muitos, a via para Deus por meio da razão, a única estrada remanescente era a da vida interior, o reino da experiência subjetiva. Friedrich Schleiermacher (1768-1834), fundador do liberalismo teológico moderno, escreveu na obra *The Christian Faith* [*A fé cristã*] (p. 125): "Você rejeita os dogmas e as proposições da religião. [...] A religião não precisa deles; é apenas uma reflexão humana sobre o conteúdo de nossos sentimentos ou afeições religiosas. [...] Você diz que não pode aceitar milagres, revelação, inspiração? Você está certo; não somos mais crianças, o tempo dos contos de fadas já passou". Para Schleiermacher, a religião não era conhecimento, como acreditava o cristianismo ortodoxo; também não era um sistema de ética como Kant deixara implícito. Em vez disso, ela era um "sentimento" de dependência de Deus.

Para Schleiermacher, "o sentimento de dependência absoluta" (*The Christian Faith*, p. 131) constituía a essência da religião. Ele acreditava que Jesus fora um homem que tinha exibido tal dependência consciente de Deus. A obra de Cristo na cruz serviu como modelo de amor e de autonegação que deveríamos representar de todas as maneiras. Não havia mais nenhuma afirmação sobre a divindade de Cristo, sua expiação substitutiva ou revelação proposicional de Deus.

Se o cristianismo estava reduzido a sentimentos e se Jesus era simplesmente um homem sofredor, então, surgiu a pergunta para os pensadores iluministas: podemos confiar nos relatos do Novo Testamento sobre Jesus? O livro de David Strauss (1808-74), intitulado *The Life of Jesus* [*A vida de Jesus*], introduziu a palavra *mito* na discussão sobre os relatos dos evangelhos. Ele argumentou que os elementos sobrenaturais presentes nos evangelhos não eram dignos de confiança. Os milagres — por exemplo, a ressurreição — eram reflexões dos escritores do Novo Testamentos sobre a vida de Jesus. Os evangelhos não eram história, disse Strauss: "A vida de Jesus foi 'miticamente' reescrita com o objetivo de que os autores pudessem expressar sua consciência da importância de Jesus" (*The Life of Jesus*, p. 778).

Então, se o Novo Testamento contém mitos, qual é a natureza distintiva do cristianismo? O liberalismo teológico reduziu a fé cristã ao comportamento adequado baseado na ética do amor. Albrecht Ritschl (1822-89) sustentou que o homem Jesus Cristo incorporou essa ética. Para Ritschl, o ponto central do ensinamento de Jesus era o Reino de Deus e sua ética, "a organização da humanidade por meio da ação baseada no amor" (*The*

Christian Doctrine of Justification and Reconciliation, 1.13). Além disso, Adolf von Harnack (1851-1930), em seu famoso livro *Das Wesen des Christentums* [*O que é o cristianismo?*], afirmou que a essência da fé cristã era "a paternidade de Deus e a irmandade do homem". Para Harnack, o cristianismo era o mandamento do amor. Tornar a teologia de Jesus mais importante que obra de Jesus foi um "grande afastamento do que Jesus pensou e ordenou" (William Fletcher, *The Moderns: Molders of Contemporary Theology*, 1962, p. 62-3). Para Harnack, a história da doutrina era uma mudança dos ensinamentos de Jesus para os ensinamentos a respeito de Jesus.

O cristianismo era singular? Não para a teologia liberal. Entre 1880 e 1920, no que foi chamado Escola da História das Religiões na Alemanha, o cristianismo era considerado uma religião humana como as demais, e precisava ser estudado ao longo da história. Jesus fora uma figura histórica, mas não aquela retratada no Novo Testamento. Além disso, os liberais diziam que Paulo, influenciado pelo gnosticismo grego, provavelmente distorceu o ensino de Jesus. Desse modo, não havia continuidade entre o Antigo e o Novo Testamento. Para a maioria dos líderes daquela escola, o Antigo Testamento tinha pouca influência na determinação da forma do cristianismo.

Em seguida, a teologia liberal começou a busca pelo Jesus histórico. Uma vez que não era possível confiar no Novo Testamento, seus teólogos perguntavam: Qual é a base sobre a qual podemos construir nossa compreensão sobre Jesus? Rudolf Bultmann (1884-1976) fez um apelo à "demitologização" dos evangelhos, à eliminação de todas as cascas, para chegar ao cerne da verdade. Praticamente todos afirmam como certo o fato de Jesus ter existido, afirmava Bultmann. A sanha antissobrenaturalista do Iluminismo havia alcançado seu ápice com Bultmann.

Outro importante teólogo alemão, Karl Barth (1886-1968), afastou-se do liberalismo teológico. Educado nessa escola de teologia, Barth enfrentou dificuldades em seu pastorado. Ele concluiu não ter nada a oferecer a seu povo. Abandonou muito da teologia liberal e abraçou uma interpretação mais ortodoxa e reformada do cristianismo. Ele afirmou a total transcendência de Deus e o abismo existente entre Deus e o homem. Somente Jesus, a revelação de Deus, podia cobrir esse abismo, argumentava ele. A Bíblia, portanto, é a revelação de Deus por testemunhar sobre Jesus. O homem se encontra com Deus numa "crise", quando a Palavra de Deus "torna-se" real para o homem. Foi essa experiência de crise que formou um dos pilares da neo-ortodoxia de Barth. Por fim, sua interpretação satisfez a apenas algumas pessoas.

O antissobrenaturalismo da filosofia iluminista produziu o liberalismo teológico dos séculos 19 e 20. Kant separou a fé da razão, proclamou a autossuficiência humana e afirmou a incognoscibilidade das verdades absolutas sobre Deus. Agora, para muitos, a fé não tinha qualquer fundamentação. Na tentativa de encontrar uma nova base, o liberalismo teológico cortou todos os laços com a Bíblia, deixando de considerá-la histórica e digna de confiança. O cristianismo se tornou um sistema ético, em nada diferente das outras religiões. Mas esta não é a única história. Apesar das incursões do liberalismo no cristianismo, o programa divino da redenção continuou, com o surgimento das missões modernas por todo o mundo — o assunto no próximo capítulo.

PERGUNTAS PARA DEBATE

1. Por que podemos dizer que o Iluminismo foi um ataque à religião organizada, especialmente ao cristianismo?

2. O que é deísmo?

3. De que maneira o Iluminismo desafiou alguns ensinamentos cristãos?

4. Explique o conceito de Immanuel Kant sobre o relacionamento entre fé e razão. Por que ele foi tão perigoso para o cristianismo?

5. O liberalismo teológico é filho do Iluminismo. Mostre de que maneira cada uma das personagens a seguir construiu sobre o fundamento do Iluminismo:

   Friedrich Schleiermacher —

   Albrecht Ritschl —

   Adolf von Harnack —

   Rudolf Bultmann —

6. Em quais aspectos Karl Barth discordou do liberalismo?

ANOTAÇÕES

A igreja e as missões modernas

Espere grandes coisas de Deus; faça grandes coisas para Deus.
William Carey

A Grande Comissão de Jesus Cristo define a missão da igreja. Mas a história eclesiástica demonstra que a igreja nem sempre levou essa missão a sério. Apesar de a igreja antiga e a igreja do início do período medieval terem levado o evangelho às tribos germânicas, a igreja medieval negligenciou as missões por vários séculos. Lutando para sobreviver, a igreja reformada também deixou de lado o zelo missionário. Nos últimos duzentos anos, uma paixão por se alcançar o mundo para Cristo enriqueceu a igreja moderna. Isto é especialmente verdadeiro quando se fala sobre o século 18, também chamado o "grande século das missões". Essa paixão missionária produziu a primeira igreja verdadeiramente universal, na qual todas as raças e nações tinham participação. Esta é a história dessa paixão.

RAÍZES DO MOVIMENTO MODERNO DE MISSÕES

As raízes do movimento moderno de missões alcançam os reavivamentos do século 18 (veja o próximo capítulo). Esses movimentos do Espírito de Deus proveram o fervor e a energia tão necessários para o ministério transcultural. Mas outros fatores forneceram um contexto mais amplo. As viagens de descobrimento que abriram o hemisfério ocidental levantaram questões teológicas sobre a origem das pessoas e se elas poderiam ser redimidas. As companhias de comércio estabelecidas na América do Norte exigiram uma ênfase espiritual dos transportadores. Do mesmo modo, a Igreja Católica Romana, especialmente os jesuítas, modelaram a atividade missionária por vários séculos.

Esses desenvolvimentos coincidiram com o surgimento do capitalismo industrial na Europa e nos Estados Unidos. À medida que o capitalismo se espalhou, a necessidade de matéria-prima e de mercados para os bens manufaturados criou a necessidade de conquista dos continentes restantes — África e Ásia. As maiores potências europeias — França, Inglaterra e Holanda — competiam para colonizar esses continentes. O século 18 foi o século do imperialismo. A maioria dos europeus, incluindo cristãos protestantes, olhava para a atividade imperialista com o alvo de levar os benefícios do capitalismo, da democracia e do cristianismo ao mundo carente. O escritor Rudyard Kipling denominou essa situação "o fardo do homem branco". Comércio, hospitais, estradas e desenvolvimento industrial realmente foram levados a esses continentes, mas, junto com tudo isso, chegou o racismo e a exploração.

WILLIAM CAREY: "O PAI DAS MISSÕES MODERNAS"

À medida que os colonizadores se lançaram rumo à África e à Ásia, levaram consigo o evangelho. As primeiras sociedades missionárias foram as agências de envio: The Danish-Hale Mission [A Missão Halle Dinamarquesa] (1704), a Scottish Society for Propagating Christian Knowledge [Sociedade Escocesa para Propagação do Conhecimento Cristão] (1707) e as Moravian Missions [Missões Morávias] (1732). Todas essas sociedades devem a existência aos reavivamentos pietistas do século 18. Mas foi William Carey (1761-1834), fundador da Particular Baptist Society for Propagating the Gospel among the Heathen [Sociedade Batista Particular para a Propagação do Evangelho entre os Pagãos], que se tornou o "pai das missões modernas".

Como professor, Carey era apaixonado pelas histórias das descobertas do capitão Cook no Pacífico. O cruzamento das histórias com a fé batista produziu a profunda convicção de que a igreja tinha a obrigação de proclamar as novas de Jesus Cristo aos povos não alcançados do mundo. Ele se uniu a outros irmãos que pensavam da mesma maneira e fundou a Particular Baptist Society . Em 1793, ele e sua família foram para Calcutá, na Índia. A obra foi difícil, mas frutífera, e seu entusiasmo e intensidade contribuíram muito para fazer com que outros se aventurassem a sair de suas terras. Sua famosa frase — "Espere grandes coisas de Deus; faça grandes coisas para Deus" — inspira pessoas até hoje.

O ministério de Carey na Índia forneceu o modelo para as missões modernas. Primeiramente, ele dependia de doações de indivíduos e de igrejas. Em segundo lugar, Carey se comunicava regularmente com as pessoas e as igrejas que o haviam enviado, o que gerou um aumento no interesse por missões. Em terceiro lugar, ele traduziu a Bíblia para a população indiana. Com o dom inato para o aprendizado de línguas, Carey traduziu a Bíblia ou parte dela em 35 idiomas diferentes. Quarto, além de plantar igrejas, a obra de Carey e de seus seguidores fornecia ajuda médica e educação como parte do ministério. Por fim, a mensagem do evangelho tinha implicações sociais e culturais. Carey trabalhou pessoalmente para pôr fim ao costume de queimar viúvas na pira funerária dos maridos. Outros afirmaram que o sistema indiano de castas era errado. Os membros da casta mais baixa da Índia — os "intocáveis" — e as mulheres indianas descobriram a liberdade pessoal propagada pelo cristianismo.

Outros seguiram nos caminhos de Carey. Adoniram Judson (1788-1850), missionário batista da América do Norte, realizou um trabalho pioneiro semelhante ao de Carey na antiga Birmânia (atualmente Mianmá). Um grupo de congregacionais ingleses, dentre os quais David Livingstone e Robert Moffat, fundou a London Missionary Society [Sociedade Missionária de Londres] (1795), que realizou trabalho pioneiro no sul da África.

MISSÕES NOS PRIMÓRDIOS DOS ESTADOS UNIDOS

A "Haystack Prayer Meeting" ["Reunião de Oração do Monte de Feno"] lançou o movimento missionário na América do Norte. Em 1806, estudantes do Willians College em Massachusetts abrigaram-se de uma tempestade sob um monte de feno para a realização de sua reunião de oração. O seu lema era: "Podemos fazer se quisermos". A sociedade resultante tornou-se conhecida por American Board of Commissioners for Foreign Missions [Junta Americana de Comissários para Missões Estrangeiras] (1810). À época do final da guerra civil norte-americana, quinze juntas missionárias serviam às principais denominações americanas.

O EXEMPLO DE JAMES HUDSON TAYLOR

Porém, o movimento moderno de missões encontrou seu grande poder e influência nos movimentos missionários, fundados por James Hudson Taylor (1832-1905). Nascido na Inglaterra, Taylor passou por uma profunda conversão espiritual aos 17 anos. Ele sentiu um claro chamado para ir ao praticamente isolado Império Chinês, onde começou seu ministério em 1854. Forçado a voltar à Inglaterra em razão de problemas de saúde, Taylor dedicou-se a fundar e, então, liderar a China Inland Mission (CIM) [Missão Para o

Interior da China]. Fortemente interdenominacional e dependente de Deus para o sustento, a CIM tornou-se a vanguarda do despertamento espiritual chinês. Taylor voltou para a China onde liderou meticulosamente a abertura de cada província para o evangelho. Em 1895, havia 641 missionários da CIM. Por meio de seus escritos e de viagens de pregação por todo o mundo, a influência de Taylor se estendeu para muito além da China. Hoje os movimentos missionários que ele fundou incluem pelo menos 15 mil missionários representando mais de 75 diferentes missões.

Outras missões que seguiram o modelo de Taylor foram a Aliança Cristã Missionária, fundada por Albert Benjamin Simpson em 1887, a Missão da Aliança Evangélica, fundada por Fredrik Franson em 1890 e a Missão para o Interior da África (MIAF), fundada por Peter Cameron Scott em 1895. Nas primeiras décadas do século 20 dezenas de outras foram fundadas.

A CONTRIBUIÇÃO DAS MISSÕES MODERNAS

Os feitos do movimento missionário moderno são fenomenais. Em primeiro lugar, verdadeiramente milhões de pessoas encontraram a vida eterna. Todas as etnias, raças e grupos linguísticos estão agora representados na igreja universal de Jesus Cristo. Em segundo lugar, igrejas nacionais junto com um grande número de igrejas locais existem agora em quase todas as nações. Terceiro, as agências missionárias estabeleceram milhares de instituições educacionais por todo o mundo. Quarto, o cristianismo tornou-se uma força libertadora para mulheres e outros grupos menos privilegiados nas culturas nativas. As implicações sociais e éticas da fé cristã normalmente têm efeitos profundos e transformadores nas culturas nacionais. Quinto, as agências missionárias cristãs normalmente constroem instalações médicas, incluindo grandes hospitais, para cuidar das necessidades da população local. E, por fim, o movimento missionário moderno traduziu a Bíblia em centenas de línguas de todo o mundo. A Sociedade Wycliffe dos Tradutores da Bíblia, fundada em 1934, é o melhor exemplo desse esforço extraordinário.

O empenho missionário moderno verdadeiramente mudou o mundo.[1] Os Estados Unidos enviaram a maior parte dos missionários desse movimento e os reavivamentos que pontuaram a história americana forneceram o catalisador para esse exército de agentes de mudança.

---

1. Para mais informações sobre a história das missões, incluindo no Brasil, veja ... *até os confins da terra*, de Ruth Tucker (São Paulo: Vida Nova, 1986).

PERGUNTAS PARA DEBATE

1. Cite alguns dos fatores que explicam por que as missões modernas explodiram no século 18.

2. Faça um resumo da importância de William Carey.

3. Faça um resumo da importância de Hudson Taylor para as missões de fé.

4. Liste os efeitos positivos das missões modernas sobre a igreja e o mundo.

O crescimento do evangelho

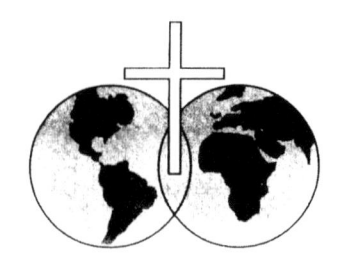

Deus está edificando sua igreja — rapidamente

Em todos os séculos, o números de cristãos cresceu muito em proporção à população mundial. Em 1430, apenas uma entre 100 pessoas era cristã. Hoje, uma de cada nove pessoas é cristã. Isso equivale a 600 milhões dentre a população mundial de 5,7 bilhões. Esse imenso grupo de crentes cresce a uma taxa *três vezes maior* que a taxa de crescimento populacional mundial!

Principais datas do crescimento do cristianismo

Nas datas indicadas, a comparação do (1) número de cristãos verdadeiros com o (2) número total de pessoas no mundo.

Um a cada cem (1%)	1430	Um para cada **99** depois de **1430** anos
Duasois a cada cem (2%)	1790	Um para cada **49** depois de **360** anos
Três a cada cem (3%)	1940	Um para cada **32** depois de **150** anos
Quatro a cada cem (4%)	1960	Um para cada **24** depois de **20** anos
Cinco a cada cem (5%)	1970	Um para cada **19** depois de **10** anos
Seis a cada cem (6%)	1980	Um para cada **16** depois de **10** anos
Sete cada cem (7%)	1983	Um para cada **13** depois de **3** anos
Oito a cada cem (8%)	1986	Um para cada **11** depois de **3** anos
Nove a cada cem (9%)	1989	Um para cada **10** depois de **3** anos
Dez a cada cem (10%)	1993	Um para cada **9** depois de **4** anos
Onze a cada cem (11%)	1995	Um para cada **8** depois de **2** anos

O vocábulo "cristão" refere-se aos que leem, acreditam e obedecem à mensagem da Bíblia, ativos ou não como deveriam no empenho de ajudar na evangelização mundial.

De onde vêm esses números impressionantes?

As datas principais ao longo da história foram fornecidas pela Lausanne Statistics Task Force [Força-tarefa Estatística do Encontro de Lausanne], coordenada por David Barrett, Ph.D., autor da *Enciclopédia cristã mundial*. Os valores intermediários foram calculados (exponencialmente) para essas datas específicas. Extraído da edição de janeiro-fevereiro de 1996 da *Mission Frontiers*, periódico do U.S. Center for Word Mission [Centro Americano de Missões Mundiais] em Pasadena, Califórnia. Usado com permissão.

ANOTAÇÕES

ANOTAÇÕES

A igreja e os reavivamentos na América do Norte

Toda a teoria dos reavivamentos gira em torno desses dois fatos: que a influência do Espírito Santo está presente em todas as situações de verdadeira conversão e que essa influência é concedida em medida maior e com mais poder em alguns momentos do que em outros. Quando esses fatos concorrem, existe reavivamento da religião.
Joel Hawes, 1871

Pelo fato de os reavivamentos terem acontecido com tanta frequência nos Estados Unidos, alguém poderia simplesmente estudar a história americana baseando-se nessa perspectiva. Cada século teve pelo menos um período de renovação, moldando o desenvolvimento do país. O propósito deste capítulo é reconstruir o impacto decisivo que os reavivamentos tiveram no desenvolvimento da sociedade americana.

É inegável: a população americana do século 17 estava ligada quase exclusivamente à Reforma protestante. Os peregrinos e os puritanos que se estabeleceram na Nova Inglaterra eram calvinistas devotos. Grupos ligados aos batistas chegaram a Rhode Island e às colônias centrais. Os presbiterianos estabeleceram igrejas tanto nas colônias centrais quanto nas localizadas mais ao sul. A Igreja Anglicana foi fundamental no desenvolvimento da Virgínia, das Carolinas, da Geórgia e de Nova York. Os luteranos também se estabeleceram nas colônias centrais. A única exceção à dominação protestante foi Maryland, colônia quase totalmente católica, e a Pensilvânia, uma colônia quacre que praticava uma notável tolerância religiosa.

O PRIMEIRO GRANDE DESPERTAMENTO

Por volta do século 18, estava claro que a igreja precisava de renovação. Havia grande falta de liderança espiritual nas igrejas e existiam poucas oportunidades de treinamento ministerial adequado nos Estados Unidos. Além disso, a remodelação dos relacionamentos políticos com o Império Britânico causou inquietação entre muitos colonos. Por fim, a segunda e a terceira gerações dos habitantes das colônias americanas haviam perdido o conceito original que levara seus antepassados ao Novo Mundo. Desse modo, Deus, em sua graça, enviou um reavivamento à igreja. Esse reavivamento é normalmente chamado Primeiro Grande Despertamento.

Aparentemente o mover de Deus começou na década de 1720, entre as igrejas reformadas holandesas na colônia de Nova Jersey. Um holandês chamado Theodore Frelinghuysen (1691-1748) chegou ali para ministrar e pregava a pureza moral e a necessidade da dedicação profunda a Cristo em oposição à superficialidade. Várias igrejas começaram a crescer em número e seus membros tornaram-se mais piedosos. Frelinghuysen encontrou amigos que pensavam da mesma forma, os Tennents, presbiterianos consagrados que acreditavam que a preparação teológica adequada era a chave para trazer vida às igrejas mortas. Na década de 1730, William Tennent (1673-1746) começou a treinar rapazes para o ministério pastoral na escola que ficou conhecida como Log College. Os "formandos" dessa faculdade inflamaram as colônias do centro e do sul com o evangelho. Eles lançaram as bases para a renovação espiritual nos Estados Unidos.

Jonathan Edwards (1703-58) foi o líder fundamental do reavivamento na Nova Inglaterra. Aos dezessete anos Edwards formou-se em Yale, e assumiu o pastorado em Northampton em 1727, onde serviu até 1750. Seu famoso sermão de 1741 — intitulado *Pecadores nas mãos de um Deus irado* — foi o símbolo do poder das palavras numa era em que os sermões eram normalmente lidos em tom monótono. O poder da pregação de Edwards contribuiu para que o reavivamento se espalhasse por todo o vale do rio Connecticut. Ele também fez uma poderosa defesa do emocionalismo que muitas vezes acompanhava os reavivamentos, considerando-o evidência da ação do Deus soberano. Seu envolvimento com George Whitefield (1714-70) aprofundou o despertamento da Nova Inglaterra.

Por ser o mais conhecido protestante do século 18, George Whitefield promoveu uma excepcional unidade no reavivamento colonial. Amigo de John e Charles Wesley, Whitefield foi membro do Clube Santo da Universidade de Oxford nas décadas de 1720 e 1730. Ele viajou várias vezes pelas colônias, pregando por toda a costa dos Estados Unidos. Seu impacto sobre o reavivamento da Nova Inglaterra foi especialmente marcante. Seu estilo de pregação atingia o íntimo dos colonos americanos comuns. Ele usava uma linguagem direta e de fácil entendimento, além de ter contribuído imensamente para um estilo mais dramático e popular de cristianismo que estava se desenvolvendo na América colonial.

Em grande parte por causa da liderança de Isaac Backus (1724-1806), os batistas da Nova Inglaterra cresceram e se tornaram parte da cultura local. Além de ensinar o batismo de adultos, os batistas defendiam a separação entre igreja e Estado: eles resistiram ao tradicional apoio recebido do governo pelas igrejas da Nova Inglaterra. A necessidade de líderes treinados levou à fundação de uma faculdade batista em Rhode Island em 1764, mais tarde denominada Brown University.

O trabalho dos batistas nas colônias do sul foi liderada por Shubal Stearns (1706-71) e Daniel Marshall (1706-84) que, juntos, fundaram a Baptist Association of Churches at Sandy Creek [Associação Batista de Igrejas em Sandy Creek], Carolina do Norte, em 1755. Por intermédio dessa associação, as igrejas batistas se espalharam por todo o sul. O típico pregador batista não tinha muita formação; pelo contrário, normalmente era um fazendeiro que pregava aos domingos uma pequena congregação interiorana. Esse modelo batista exercia forte influência sobre a população do sul rural e é uma das razões fundamentais do grande crescimento da denominação batista.

Por fim, a Igreja Metodista, sob a liderança de Devereaux Jarrett (1743-1801), ganhou força na Virgínia e na Carolina do Norte e lançou os fundamentos para o crescimento que aconteceria com de Francis Asbury. Como os batistas, os metodistas eram influentes entre os pobres e ao não-instruídos da região sul do país. Os ministros metodistas, com sua mensagem simples do evangelho, estavam dispostos a ir aonde o clero bem-informado não iria.

O impacto do Primeiro Grande Despertamento sobre a população e a sociedade americanas foi tremendo. Por causa da controvérsia teológica gerada pelos reavivamentos, presbiterianos e congregacionais se dividiram. Duas novas denominações ganharam grande espaço nos Estados Unidos: os batistas e os metodistas. Além disso, novo zelo e nova energia caracterizaram as igrejas americanas. Convertidos e igrejas pontilhavam o panorama evangélico dos Estados Unidos. Cresceu o trabalho missionário entre os escravos e os índios. David Brainerd (1718-47) passou por enormes dificuldades para levar o evangelho aos índios de Seneca e Delaware. Os evangelistas Samuel Davies (1723-61) e George Whitefield também ministraram aos escravos nesse período. O despertamento estabeleceu ligações importantes com os índios americanos e com os negros.

O despertamento, na condição de primeiro acontecimento verdadeiramente nacional, teve poderosas implicações culturais para a nova nação. Seja por meio de sua pregação ou de seus escritos, George Whitefield tocou quase todos os habitantes dos Estados Unidos. Suas viagens para pregar por todas as colônias deram uma medida da unidade cultural existente como nada o fizera anteriormente. Essa ligação não raro transcendia as barreiras étnicas e gerava uma crescente desconfiança da Inglaterra e da Igreja Anglicana. Por fim, os reavivamentos resultaram numa nova forma de liderança espiritual nas colônias. Os dias nos quais apenas os clérigos cultos eram considerados legítimos haviam passado. Agora, o ministro itinerante, muitas vezes sem qualquer educação formal, pregava sobre a importância maior do relacionamento de uma pessoa com Deus que *status* ou posição social. De muitas maneiras, o despertamento ajudou a produzir um compromisso crescente com os ideais democráticos e republicanos. É por isso que vocábulos religiosos como *liberdade* e *virtude* também tiveram fortes conotações sociais e políticas.

O SEGUNDO GRANDE DESPERTAMENTO

A Revolução Americana (1776-83) mudou profundamente a sociedade americana. Não apenas as colônias se tornaram um país independente — os Estados Unidos da América — como as igrejas desempenharam um papel vital ao apoiar a causa da independência e fornecer-lhe a liderança necessária. A ideologia política da revolução, chamada republicanismo, partilhava princípios comuns com o cristianismo protestante. Ambos viam a história como a luta entre o bem e o mal, colocando os Estados Unidos claramente do lado do bem. Ambos concebiam o poder e a tirania como inimigos da liberdade. Os Estados Unidos, argumentavam alguns, simbolizavam a liberdade, e a Inglaterra a tirania. Por causa disso, os pregadores de congregações batistas, congregacionais e presbiterianas apoiavam abertamente a causa da independência como a causa de Cristo e de seu reino.

Contudo, com o estabelecimento da nação e a promulgação da nova constituição, o secularismo tomou conta do país. O fato é que, por meio de panfletos e livros, o deísmo — que fornecera o combustível para o pensamento iluminista — alcançou as massas. Além disso, os novos territórios a oeste dos montes Apalaches estavam, de modo geral, privados de qualquer testemunho do evangelho. Economicamente, a nação enfrentava momentos difíceis, chegando quase à inadimplência. O preço dos pregos disparou, uma praga destruiu as colheitas de milho e frutas e muitas doenças, incluindo a varíola, assolavam a população. De muitas maneiras, uma mentalidade de crise estava presente por toda a nação. Contudo, entre 1790 e 1810, um grande reavivamento irrompeu na nova nação. Foi o mais importante reavivamento da história norte-americana.

A fase sudoeste do reavivamento iniciou-se a partir do desejo de um homem de alcançar a fronteira para Cristo. James McGready (1758-1817) pastoreava três pequenas igrejas na área rural de Logan County, Kentucky.

Tocado pelos textos de Jonathan Edwards, ele levou as pessoas a seu redor a fazer um jejum mensal e reuniões semanais de oração em busca do reavivamento. Uma vez ao ano, ele reunia todas as igrejas numa colina para celebrar a ceia do Senhor. O derramamento do Espírito numa dessas reuniões atraiu muitas pessoas de outras igrejas. Aquela celebração conjunta da ceia fez nascer a primeira *reunião no campo*, a forma que os reavivamentos assumiram nas partes mais remotas. As *reuniões no campo* eram reuniões que duravam vários dias e até mesmo semanas nas quais pregadores presbiterianos, batistas e metodistas proclamavam o evangelho a ouvintes ansiosos. Além disso, os *circuit riders*[1] metodistas e os pregadores leigos batistas espalhavam o evangelho por todo o sul e o oeste, transformando a paisagem denominacional e o clima espiritual dessas regiões.

A fase leste do despertamento se concentrou nos *campi* universitários. Timothy Dwight (1752-1817), recém-empossado presidente (reitor) de Yale, conduziu um reavivamento no *campus* que levou centenas de pessoas a Cristo. Os alunos, por sua vez, levaram o reavivamento por toda a Nova Inglaterra, Nova York e para o oeste. Acontecimentos similares foram registrados na Southern Presbyterian College [Universidade Presbiteriana do Sul], em Hampden-Sydney.

Embora o Primeiro Grande Despertamento tenha afetado dramaticamente as colônias, o Segundo Despertamento teve um efeito mais duradouro na vida americana. Primeiramente, metodistas, batistas e discípulos de Cristo lideraram o reavivamento, deixando congregacionais, presbiterianos e anglicanos bem para trás. Os metodistas, batistas e discípulos de Cristo seguiram adiante para dominar o protestantismo americano por décadas.

Segundo, o despertamento produziu instituições duráveis que impactaram a cultura americana até o século 20. Instituições como a American Bible Society [Sociedade Bíblica Americana] (1816), a American Sunday School Union [União Americana da Escola Dominical] (1824), a American Tract Society [Sociedade Americana de Folhetos] (1825), a American Society for the Promotion of Temperance [Sociedade Americana para a Promoção da Temperança] (1826) e numerosas outras devem sua visão reformista ao zelo transformador do Segundo Despertamento.

---

1. Pregadores itinerantes que serviam num "circuito" composto normalmente de 20 a 40 "compromissos". Viajando normalmente a cavalo por ser mais econômico e mais adaptado aos caminhos primitivos dos primórdios da região oeste dos Estados Unidos, o *circuit rider* pregava praticamente todos os dias e duas vezes aos domingos, cobrindo assim o circuito em quatro ou cinco semanas. Seus compromissos (ou reuniões) eram normalmente realizados em cabanas de pioneiros, escolas ou em bares e tabernas. Normalmente era uma pessoa de pouca instrução, mas um pregador eficiente que vivia uma vida de sacrifícios. (N. do T., traduzida e adaptada de www.answers.com/circuit riders.)

Por fim, o despertamento representou a mudança fundamental na teologia americana. Enquanto os puritanos do século 17 se concentraram na teologia centralizada em Deus que enfatizava a incapacidade do homem de salvar-se a si mesmo, o início do século 18 aceitou a teologia centralizada no homem, enfatizando o livre-arbítrio e a responsabilidade humana na salvação. Em muitos aspectos, o Segundo Despertamento foi o marcha fúnebre do calvinismo como uma das principais forças da vida religiosa americana.

CHARLES GRANDISON FINNEY

Esse afastamento da teologia centrada em Deus acelerou-se com a pregação reavivalista e evangelística de Charles Finney (1792-1875). Finney aceitou a Cristo em 1821 e mudou sua vocação, abandonando a advocacia para se tornar ministro. Pelo resto da década de 1820 até 1830, Finney conduziu reuniões de reavivamento em cidades importantes do norte dos Estados Unidos. Esses empreendimentos ganharam proeminência nacional. Além disso, alguns de seus convertidos fundaram movimentos reformistas de grande importância, especialmente os dedicados à abolição da escravatura.

Charles Finney alterou radicalmente a direção do cristianismo norte-americano. Primeiramente, ele introduziu muitas "novas medidas"[2] na evangelização americana. Pelo fato de acreditar tão fortemente no livre-arbítrio, ele pensava que o evangelista, caso seguisse os métodos adequados, poderia fazer uma grande colheita de convertidos. Portanto, ele passou a fazer uso das reuniões convocadas por meio de folhetos; o "banco da ansiedade" para pecadores arrependidos; orações longas e emotivas; corais organizados — tudo planejado para quebrar a teimosia do possível convertido.

Segundo, a teologia de Finney defendia fortemente a visão pós-milenarista. Ele acreditava que a igreja, por meio de seus esforços, como uma sociedade reformada, poderia trazer o reino de Deus agora! O reino poderia chegar em três anos, dizia ele com frequência.

Por fim, a teologia de Finney, centralizada no homem, levou-o a defender o perfeccionismo no que se referia à santificação. Finney ensinava que alguns cristãos poderiam alcançar um estado santificado permanente no qual não pecariam conscientemente. Ele realmente acreditava que os cristãos totalmente santificados poderiam realizar uma ampla reforma na sociedade de modo que o reino de Deus pudesse chegar aos Estados Unidos. Esse otimismo encaixava-se perfeitamente com o individualismo e a autossuficiência da nova nação.

---

2. "Novas medidas" foi uma expressão usada pelos críticos de Finney na década de 1820. Veja Mark NOLL. *History of Christianity in the United States and Canada* (Grand Rapids: Wm. B. Eerdmans Publishing, 1992), p. 175.

O REAVIVAMENTO DA ORAÇÃO DOS LEIGOS DE 1858

Um dos mais notáveis reavivamentos norte-americanos aconteceu em 1858. Por não haver líderes, essa renovação foi conduzida, de modo geral, por leigos, tendo acontecido basicamente nas cidades. Foi a oração, e não a pregação, que deu início ao movimento, ocorrido numa reunião ao meio-dia na cidade de Nova York. Rapidamente reuniões interdenominacionais de oração surgiram na maioria das grandes cidades do norte; mais de duas mil pessoas lotavam diariamente as reuniões de oração no Metropolitan Theater de Chicago. Então, o reavivamento se espalhou pelas áreas rurais, incluindo o sul, em direção à Europa e, especialmente, chegando a Inglaterra e até mesmo alcançando a Austrália. O despertamento ajudou a estabelecer o contexto histórico para Moody, o Exército de Salvação e o surgimento dos movimentos missionários, todos posteriores à Guerra Civil.

DWIGHT LYMAN MOODY

Tanto Dwight Lyman Moody (1837-99) quanto Billy Sunday construíram seus ministérios sobre o fundamento das "novas medidas" de Charles Finney. Cada um representou o triunfo do evangelismo em massa no país protestante chamado Estados Unidos. Cada vez mais, à medida que a produção em massa conquistava os mercados, as mesmas técnicas eram aplicadas no evangelismo.

Nascido em Northfield, Massachusetts, Dwight L. Moody era um bem-sucedido vendedor de sapatos tanto em Boston quanto em Chicago. Convertido no final da adolescência, Moody iniciou uma classe de escola dominical num bairro pobre de Chicago em 1858 e, em 1866, já era presidente da Associação Cristã de Moços (ACM) daquela cidade. Para Moody não havia dicotomia entre o trabalho social e o evangelho. Ele alugou quatro bancos na Igreja Congregacional de Plymouth, Chicago, e os encheu de homens das ruas da cidade. Durante sua obra no florescente movimento da escola dominical, ele conheceu Ira Sankey (1840-1908), a quem designou líder dos cânticos em suas reuniões evangelísticas.

Em 1873, Moody e Sankey embarcaram numa viagem de pregação de dois anos pela Grã-Bretanha. Voltando ao seu país como evangelista bem estabelecido, Moody dirigiu campanhas evangelísticas em Brooklyn, Filadélfia, Nova York, Chicago e Boston, de 1875 a 1879. Nas décadas de 1880 e 1890, Moody transformou a evangelização ao pregar por todos os Estados Unidos e pela Europa.

Dwight L. Moody foi o ponto focal do reavivamento urbano nos Estados Unidos e na Europa. Seu estilo de pregação e suas habilidades administrativas trouxeram um novo nível de refinamento ao reavivamentismo. Por ser um homem de negócios, suas técnicas de gerenciamento eram atraentes para a crescente classe média do país industrializado. Os comerciantes apoiaram avidamente suas campanhas e deram às suas reuniões um sabor de classe média. Sua pregação era simples, agradável e direta — apresentando a ruína provocada pelo pecado, a redenção realizada por Cristo e a regeneração feita pelo Espírito Santo. Ele entremeava seus sermões com histórias tocantes a respeito das lutas dos americanos com a perda da simplicidade agrícola e as pressões da civilização industrial e urbana. Ele viajou mais de um milhão de quilômetros e pregou para mais de 100 milhões de pessoas.

Moody não apenas transformou o evangelismo, mas também deixou um importante legado institucional. Acreditando que a educação era fundamental para o cristianismo, ele criou duas escolas — o Seminário Northfield para meninas e a Escola Monte Hermon para meninos. Por fim, deu início à Northfield Summer Bible Conference [Conferência Bíblica de Verão em Northfield] em 1880, antecessora do movimento de conferências bíblicas que varreu os Estados Unidos no final do século 19.

BILLY SUNDAY

O sucessor de Moody no desenvolvimento do evangelismo de massas foi William (Billy) Ashley Sunday (1862-1935). Nascido nas proximidades de Ames, no estado de Iowa, Sunday primeiramente tentou seguir carreira no beisebol, mas, em 1886, ele se converteu a Cristo na missão Pacific Garden em Chicago. Em 1891, ele abandonou o beisebol para tornar-se ministro de tempo integral, primeiramente com a ACM e depois com John Wilbur Chapman (1859-1918), outro pioneiro no evangelismo de massas. Contudo, depois de 1896, Sunday prosseguiu sozinho.

No primeiro momento, demonstrava sua preferência pelas cidades pequenas do Meio-Oeste, mas, gradualmente, por volta de 1915, todas as principais cidades americanas receberam cruzadas de Billy Sunday. A marca registrada de suas cruzadas urbanas era o grande tabernáculo de madeira. O estilo de pregação de Sunday — que incluía brincadeiras alegres e recursos teatrais bem planejados — deu-lhe fama e a atenção do público. Além disso, as cruzadas de Sunday eram um primor de organização. Antes de cada cruzada, uma equipe avançada de pelo menos vinte especialistas chegava à cidade arranjando publicidade, música e apoio do comércio. A equipe recrutava milhares de voluntários nas igrejas. No centro desse planejamento estratégico estava a esposa de Sunday, Helen Amelia Thompson.

A mensagem simples de Sunday alcançou mais de 100 milhões de pessoas, com cerca de um milhão de convertidos. Mas sua influência se estendeu para muito além das conversões. Ele se posicionou de maneira destemida contra o uso de álcool. O fato é que ele tem uma responsabilidade significativa pela passagem da Prohibition Amendment [Emenda de Proibição] da constituição americana. Do mesmo modo, ele defendeu o patriotismo durante a Primeira Guerra Mundial, argumentando que "cristianismo e patriotismo são sinônimos" e que "inferno e traidores são sinônimos" (Mark Noll, *A History of Christianity in the United States and Canada*, 1992 p. 115-9). Ele ajudou a angariar milhões de dólares para o esforço militar. Poucos líderes cristãos tiveram impacto mais significativo ou moldaram de maneira mais marcante a cultura americana.

BILLY GRAHAM

O evangelismo e o reavivamentismo de hoje estão centrados em Billy Graham (nascido em 1918 na Carolina do Norte). Graham demonstrou habilidade na pregação mesmo com pouca idade. Depois de ter sido ordenado pela Convenção Batista do Sul e após um breve pastorado, Graham tornou-se o primeiro empregado de tempo integral da Youth for Christ [Juventude para Cristo], em 1944. A cruzada de doze semanas que Graham promoveu em Los Angeles no ano de 1949 foi um divisor de águas do evangelismo moderno. Atletas, membros de grupos criminosos e artistas de Hollywood professaram fé em Cristo. O resultado foi a atenção de todo o país. Em função disso, em 1950 Graham organizou a Associação Evangelística Billy Graham e criou o programa de rádio *Hour of Decision* [*A hora da decisão*]. A cruzada de 1954 na Inglaterra concedeu-lhe aclamação internacional.

A mensagem de Billy Graham era a mesma dos outros evangelistas, mas seu estilo era bem diferente. Primeiramente, seu ódio pelo comunismo mesclou o forte patriotismo com a mensagem do evangelho. Ele chegou até mesmo a fazer amizade com presidentes americanos como Truman e Nixon. Contudo, a renúncia de Nixon fez com que Graham se afastasse para não criar a imagem de afilhados políticos. A cruzada promovida por Graham em 1958 na cidade de Nova York marcou outra característica determinante de seu estilo. Ele envolveu representantes das principais igrejas protestantes no planejamento da cruzada, o que fez com que muitos protestantes mais conservadores o rotulassem de liberal. Graham também integrou os afro-americanos em seu ministério e em suas cruzadas, além de alcançar o apoio dos católicos romanos também. Por fim, ele levou o evangelho aos países comunistas muitos anos antes do colapso do comunismo na Europa. Ele também visitou a China e a Coreia do Norte, ambos países comunistas, pregando e se encontrando com destacados líderes do partido.

Numa era de poucos heróis, Graham é um notável exemplo de integridade. Raramente respondendo às críticas, ele permanece concentrado na proclamação do evangelho. O uso de tecnologia permitiu que ele pregasse a mais pessoas que qualquer outro indivíduo na história. Por seu trabalho, ele se coloca como o estadista evangélico do século 20.[3]

O reavivamentismo e o evangelismo do século 20 guardam uma grande distância dos movimentos da América colonial. A teologia parece menos importante para o evangelista do século 20 que para Jonathan Edwards no século 18. Talvez a ênfase no método e na tecnologia tenha custado muito à igreja no que se refere à maturidade teológica e ao discipulado. Estaria a igreja moderna enfatizando o "creia apenas" e ignorando a importância da doutrina? Esta é uma pergunta difícil de ser respondida. Contudo, ela reflete uma das questões principais de hoje: a luta da igreja com a modernidade.

PERGUNTAS PARA DEBATE

1. Resuma as três fases do Primeiro Grande Despertamento.

2. Mostre por que Jonathan Edwards e George Whitefield foram tão importantes para o despertamento.

---

3. Em junho de 2005, aos 86 anos, Billy Graham realizou em Nova York sua última cruzada. (N. do E.)

3. Discuta os vários efeitos do Primeiro Despertamento.

4. Em que aspectos o Primeiro e o Segundo Despertamento foram diferentes?

5. O que foi o reavivamento da oração dos leigos de 1858?

6. O que é evangelismo de massas? De que maneira Dwight L. Moody e Billy Sunday influenciaram seu desenvolvimento?

7. Como Billy Graham influenciou o desenvolvimento da evangelização na era moderna?

O que teria acontecido se Edward Kimball não tivesse falado de Jesus a um vendedor de sapatos em Boston?

Se o professor de escola dominical Edward Kimball não tivesse sido fiel em partilhar sua fé com um vendedor de sapatos da cidade de Boston, o mundo poderia não ter ouvido falar de Dwight L. Moody, Billy Sunday ou Billy Graham. Mas Kimball foi fiel e, em 1856, Dwight L. Moody aceitou a Cristo e o mundo nunca mais foi o mesmo. Deus chamou Moody para o evangelismo e, em 1879, enquanto pregava na Inglaterra, o fervor evangelístico foi despertado no coração de Frederick B. Meyer, pastor de uma pequena igreja.

Anos mais tarde, quando Meyer estava pregando no *campus* de uma universidade americana, um estudante chamado John Wilbur Chapman professou sua fé em Cristo. Chapman prosseguiu realizando reuniões evangelísticas por todos os Estados Unidos. Mais tarde, ele contratou um novo convertido (e ex-jogador de beisebol da liga principal), chamado Billy Sunday, para trabalhar como o homem da linha de frente de seu ministério. Poucos anos depois, Chapman assumiu o pastorado de uma igreja e Sunday começou a liderar as próprias cruzadas evangelísticas.

Em 1924, Billy Sunday promoveu uma cruzada na cidade de Charlotte, Carolina do Norte. Depois das reuniões, cerca de trinta homens fundaram o Clube de Homens de Charlotte, que se encontrava regularmente para orar. Dez anos depois, o clube se reuniu para um dia de jejum e oração num bosque da fazenda de produção de leite de propriedade de Frank Graham. O foco principal do dia era a preparação para uma cruzada que aconteceria em breve entre Charlotte. Um dos homens, Vernon Patterson, orou pedindo: "Tomando Charlotte por base, o Senhor pudesse levantar alguém para pregar o evangelho nos confins da terra". Patterson não tinha ideia de que a resposta para sua oração estava a algumas centenas de metros dali, colocando feno em um cocho. Na cruzada liderada por Mordecai Ham, Billy, filho de Frank Graham, entregou sua vida a Cristo.

Pelo fato de Edward Kimball ter sido fiel, o mundo foi abençoado pelos ministérios de Dwight Lyman Moody, John Wilbur Chapman, Billy Sunday, Mordecai Ham e Billy Graham e milhares de outros homens e mulheres dos quais o mundo nunca ouviu falar, como Vernon Patterson. A história da igreja é, em grande parte, o registro da fidelidade de pessoas como Edward Kimball e Vernon Patterson.

Baseado em informação da *Encyclopedia of 7.700 illustrations: Signs of the times de.* Paul Lee Tan (Ed.). (Rockville, Md.: Assurance Publishers, 1979), e *A prophet with honor: the Billy Graham story,* de William Martin (New York: William Morrow, 1991).

ANOTAÇÕES

ANOTAÇÕES

A igreja e a modernidade

Qual é a relação entre o cristianismo e a cultura moderna?
O cristianismo consegue permanecer numa era científica?

J. Gresham Machen,
Cristianismo e liberalismo, 1923

O mundo moderno não tem sido bondoso para com a igreja. Como os capítulos anteriores demonstraram, o antissobrenaturalismo presente na corrente filosófica do Iluminismo teve resultados devastadores para a teologia e, no século 20, chegou até os membros mais simples da igreja, especialmente nas denominações principais. O termo "modernidade" envolve uma acomodação da teologia cristã ao antissobrenaturalismo. Desse modo, a modernidade pergunta: A Bíblia é realmente a Palavra de Deus? A igreja pode realmente confiar nos três primeiros capítulos de Gênesis? A ciência e a Bíblia são amigas ou inimigas? O que é exatamente a salvação e como ela é definida?

AS FONTES DA MODERNIDADE

Antes de Charles Darwin (1809-82), a maioria das pessoas pertencentes à civilização ocidental acreditava que a organização perceptível ao observar o mundo físico provava a existência de Deus e que todas as coisas tinham ordem fixa ou lugar determinado. Cada espécie fora criada separadamente por Deus e possuía um propósito especial na mente divina. A publicação da obra de Darwin intitulada *A origem das espécies*, em 1859, destruiu essas suposições na mente de muitas pessoas. Os que aceitaram a teoria de Darwin opinavam que ela minara a autoridade das Escrituras, especialmente nas questões relacionadas à criação. Darwin argumentava sobre a existência da uma luta característica do mundo natural, resultando na adaptação de todos os seres orgânicos à dinâmica mutável do ambiente. Desse modo, por meio da seleção natural, variações desfavoráveis e seus possuidores eram eliminados. Darwin cria que esse processo de seleção natural, em ação por extensos períodos de tempo, explica o modo pelo qual as diferentes espécies evoluíram.

A teoria darwinista da evolução surtiu efeitos catastróficos para o cristianismo. Primeiramente, ela questionava a interpretação literal da Bíblia, especialmente do primeiro capítulo de Gênesis. A expressão "dia" significava um período de 24 horas? A seleção natural também argumentava contrariamente à criação especial de Deus registrada no Gênesis. Dúvidas sobre a autoridade da Bíblia foram levantadas. Em segundo lugar, a seleção natural removeu a ideia de propósito e planejamento da natureza. O acaso era visto agora como uma poderosa força controladora da seleção natural. As pessoas passaram a achar que a complexidade e a interconexão da natureza não necessariamente demonstravam o trabalho de Deus. Terceiro, a ideia de ordem e caráter permanente da natureza foi questionada. Para Darwin, a natureza estava num estado de fluxo e mudança por meio da seleção natural; a palavra era mudança, não permanência. Quarto, a hipótese de Darwin foi destrutiva para a ideia da singularidade do homem, tão importante na teologia cristã. Para Darwin, o homem era produto do tempo e do acaso. Foram questionadas doutrinas chave como a imagem de Deus na humanidade, a entrada do pecado na raça humana por meio da Queda e a necessidade do Salvador. Darwin abalou o cristianismo em seu fundamento.

A segunda fonte da modernidade foi o evangelho social. Com o surgimento do capitalismo industrial, surgiram enormes problemas sociais: grandes centros urbanos industriais fervilhando de operários que moravam em favelas. Esses centros urbanos supuravam sujeira, exploração, crime e pobreza. Além disso, imigrantes de diferentes etnias, raças e religiões inundaram as cidades onde havia trabalho infantil. Portanto, líderes cristãos se perguntavam qual era o papel do evangelho nessas condições. O cristianismo e o socialismo poderiam ser conciliados? Qual era a dimensão social do cristianismo? Enquanto os cristãos enfrentavam dificuldades para lidar com essas perguntas, surgiu a resposta conhecida por evangelho social.

O evangelho social foi a resposta do cristianismo liberal à crise da industrialização moderna. Homens como Walter Rauschenbush (1861-1918) e Washington Gladden (1836-1918) fizeram uma revisão teológica do evangelho. O pecado foi definido como corporativo e ambiental, não como individual e congênito. Os problemas da humanidade eram causados pelas condições da sociedade, diziam eles, e não pela natureza pecaminosa do indivíduo. Portanto, a salvação foi definida de modo a envolver a mutação no ambiente da pessoa, ajudando a organizar os sindicatos e criar leis para melhorar as condições humanas. O evangelho social definiu o pecado e a salvação como algo exterior, sem dar ênfase real à corrupção interior da humanidade.

A terceira fonte de modernidade se concentrava em ataques adicionais à autoridade da Bíblia. Surgido na Alemanha, o movimento chamado alta crítica questionou a autoria dos livros bíblicos, bem como as datas e os propósitos dos textos bíblicos tradicionalmente aceitos. Estudiosos alemães duvidaram, por exemplo, da autoria mosaica do Pentateuco. Julius Wellhausen (1844-1918) argumentava que esses livros foram, na verdade, escritos por quatro autores desconhecidos (identificados pelas letras J, D, E e P), e não por Moisés. Na crítica do Novo Testamento, Ferdinand Christian Baur (1792-1860) afirmava que Paulo escrevera apenas Romanos, Gálatas e as duas epístolas aos Coríntios. Além disso, Baur datou os quatro evangelhos na segunda metade do segundo século. Esses críticos questionaram a autoridade da Palavra de Deus, afirmando a impossibilidade de se confiar nela.

Pelo fato de vários especialistas protestantes americanos terem estudado na Europa, ou usarem textos de origem europeia, o darwinismo, o evangelho social e o pensamento da alta crítica tornaram-se parte da educação provida pelos seminários dos Estados Unidos. No início do século 20, a maioria dessas ideias era bastante comum entre as principais denominações do protestantismo. Os pastores que assumiam os púlpitos nos Estados Unidos assimilaram essas ideias; a pregação e o aconselhamento dado por eles também exibiam um compromisso com o que era chamado "modernismo".

LUTA PELO CONTROLE DAS DENOMINAÇÕES

Entre 1910 e 1930, nas principais denominações protestantes — batistas do norte, presbiterianos do norte e metodistas do norte — teve início uma luta pelo controle, travada entre fundamentalistas e modernistas. Na superfície, questões como a administração das missões estrangeiras e o controle das revistas denominacionais definiram o conflito. Contudo, a verdadeira preocupação concentrava-se na teologia. A ala modernista do protestantismo abandonara a inerrância das Escrituras, o nascimento virginal, a divindade de Cristo, bem como a segunda vinda e a morte substitutiva. Por meio de textos, pregação e ensino, os fundamentalistas defendiam a aderência a essas doutrinas fundamentais, considerando-as centrais para o cristianismo. Em todos os casos principais, os fundamentalistas perderam o controle das denominações.

Os sucessos do reavivamentismo do século 18 levaram o fundamentalismo à complacência. O movimento das conferências bíblicas, entre 1870 e 1880, muitas vezes fazia separação entre os comprometidos com a ortodoxia cristã histórica e os pertencentes às igrejas da principais denominações. Além disso, o movimento dos institutos bíblicos, iniciado no mesmo período, fornecia educação bíblica prática, breve e eficiente para os leigos. Essas escolas treinavam missionários e davam extraordinárias oportunidades às mulheres, mas também reforçavam o separatismo que se espalhava. Os ministérios de pregação de Moody e Sunday ampliaram o abismo entre fundamentalistas e modernistas. Publicações como a *Bíblia de Referência de Scofield* (1907) e *Os fundamentos* (1910) definiram as questões teológicas da disputa.

Tendo perdido o controle, o que fizeram os fundamentalistas? Primeiramente, muitos formaram novas denominações. Os presbiterianos formaram a Igreja Presbiteriana Ortodoxa, a Igreja Presbiteriana Bíblica e a Igreja Presbiteriana Reformada. Alguns batistas formaram a Associação Geral das Igrejas Batistas Regulares, a Associação Batista Conservadora e a Comunhão Batista Bíblica. Além disso, grande número de igrejas independentes surgiu pelos Estados Unidos. Segundo, os fundamentalistas conservadores formaram grupos interdenominacionais como o Igrejas Fundamentalistas Independentes da América (1930) e a Associação Nacional dos Evangélicos (1942) que trabalharam juntas para promover as causas teológicas conservadoras.

A formação de ministérios pareclesiásticos foi uma terceira resposta aos conservadores. Ministérios fundados para o trabalho com a juventude como Palavra da Vida (1941), Vida Jovem (1941) e Mocidade para Cristo (1944) foram planejados para alcançar toda uma geração de jovens. Os ministérios universitários — Aliança Bíblica Universitária (1941) e Cruzada Estudantil para Cristo (1951) — representavam esforços combinados para alcançar as universidades. A Associação Evangélica para Treinamento de Professores (1930) foi criada para ajudar na padronização e no desenvolvimento de um currículo para treinar professores para falar em faculdades, institutos bíblicos e igrejas locais. O rádio tornou-se poderosa ferramenta de ensino por meio de ministérios como "A Hora do Reavivamento à Moda Antiga", de Charles Fuller, "De volta à Bíblia", de Theodore Epp, e "Lições Bíblicas pelo Rádio", de M. R. DeHaan.

A FRAGMENTAÇÃO DO PROTESTANTISMO CONSERVADOR

Na década de 1950, o protestantismo fundamentalista passava por uma grande tensão. No julgamento de muito cristãos conservadores, a controvérsia fundamentalista modernista dos anos 20 e 30 deixaram os fundamentalistas feridos, na defensiva, precavidos e cada vez mais separatistas. Portanto, um grupo de cristãos conservadores — mais tarde conhecidos por neo evangélicos e liderados por John Ockenga (1905-85) — rompeu com o fundamentalismo. Junto com Billy Graham e Carl Henry (n. 1913), Ockenga procurou reformar o fundamentalismo de modo que ele fosse mais culto e desse mais ênfase à apologética e a dimensão social do cristianismo. Eles fundaram o Seminário Teológico Fuller, na Califórnia, para defender essa reforma. A revista *Christianity Today*, fundada em 1955 por Billy Graham e seu sogro, L. Nelson Bell, foi considerada a voz não oficial daquele movimento.

Diante de questões como a inerrância das Escrituras, a escatologia e o papel das ciências sociais na satisfação das necessidades das pessoas, uma outra fragmentação do cristianismo conservador terminou por acontecer nas décadas de 1970 e 1980. Uma geração mais jovem de evangélicos, representada em publicações como as revistas *The Wittenberg Door* e *Sojourners*, defendiam que o neo evangelicalismo não fora longe o suficiente. Como ativistas políticos e sociais, esses evangélicos — liderados por indivíduos como Ron Sider e Tony Campolo — pressionaram a igreja a considerar sua responsabilidade social e a dar menos ênfase às questões teológicas. O resultado é que, hoje, o cristianismo conservador, evangélico e fundamentalista está cada vez mais dividido.

Outra fragmentação do protestantismo é evidente diante da explosão dos movimentos de "renovação" do século 20. Surgidos nos primeiros anos do século passado, o pentecostalismo desafiou os protestantes a pensar sobre o Espírito Santo e a santificação de uma nova maneira. Proclamando a conexão entre batismo do Espírito Santo e o falar em línguas, o reavivamento da rua Azuza, em Los Angeles (1906) espalhou-se por todo o mundo e, por fim, levou à formação de vários novos grupos denominacionais, como as Assembleias de Deus, a Igreja de Deus, de Cleveland, Tennessee, a Igreja de Deus da Profecia e a Igreja de Deus em Cristo. Com o passar do tempo, o movimento pentecostal ganhou respeitabilidade e legitimidade à medida que essas denominações experimentaram rápido crescimento nos Estados Unidos e em outros países. Contudo, de modo geral, as denominações da linha principal foram deixadas de lado pelo pentecostalismo.

No final da década de 1950 e na década de 1960, grupos semelhantes aos liderados pelo homem de negócios Demos Shakarian (1913-93) e o pregador pentecostal Oral Roberts (n. 1918) dedicaram-se a ganhar adeptos dentre os membros das principais denominações históricas com o que passou a ser conhecido por renovação carismática. Para realizar esse objetivo, Roberts uniu-se à Igreja Metodista Unida em 1968. Nas décadas de 1960 e 1970, grupos de renovação carismática foram formados em quase todas as principais denominações — metodistas, presbiterianos, luteranos, episcopais e católicos romanos. O movimento carismático enfatizava não apenas o dom de línguas, mas também a palavra de conhecimento e a profecia, assim como a cura pela fé. Conferências de abrangência nacional promovidas durante todo esse período demonstraram que a experiência compartilhada do Espírito Santo unia os vários movimentos de renovação e não a teologia.

Na década de 1980, a "terceira onda" da renovação atingiu a igreja. Seus líderes foram John Wimber (1931-97) e o professor C. Peter Wagner (n. 1930), do Seminário Fuller. O movimento da terceira onda identificava os "sinais e maravilhas" presentes no livro de Atos como as demonstrações legítimas do poder de Deus hoje. Esses sinais eram vistos como a autenticação dos embaixadores de Cristo. Consequentemente, os proponentes falavam do "evangelismo de poder" e de "encontros de poder" que provavam a existência de Deus e validavam a mensagem do evangelho. O movimento de "sinais e maravilhas" apelava expressamente aos evangélicos que tinham tradicionalmente rejeitado tais demonstrações de poder por considerá-las adequadas apenas para o primeiro século. O mais significativo exemplo dessa estratégia foi a aceitação da terceira onda pelo ex-professor do Seminário Teológico de Dallas, Jack Deere.

O CRESCIMENTO DAS IGREJAS FUNDADAS POR NEGROS

As igrejas fundadas por negros nos Estados Unidos têm origem na religião dos escravos da região sul desse país. Privados de sua identidade, oprimidos por seus feitores e incapazes de estabelecer instituições próprias, muitos escravos se voltaram para o cristianismo. A fé em Jesus Cristo lhes deu a esperança de um futuro no qual a justiça de Deus consertaria os erros perpetrados contra eles. As músicas do estilo *negro spiritual* expressam a fé vibrante do povo subjugado que se voltou para Deus em busca de justiça e misericórdia.

As igrejas fundadas por negros começaram a se organizar em denominações bem no início do período nacional. A Igreja Metodista Episcopal Africana Sião foi fundada em 1816, e Richard Allen (ex-escravo) foi seu primeiro bispo. A Convenção Batista Nacional dos Estados Unidos, formada em 1915, foi um amálgama de três grupos batistas que hoje, depois de fusões adicionais, possui mais de 6 milhões e meio de membros. Muitos grupos pentecostais também se formaram no século 20. Uma das igrejas de mais rápido crescimento nos Estados Unidos — a quinta maior denominação — é a Igreja de Deus em Cristo. Fundada por Charles Harrison Mason em 1897, a igreja tornou-se pentecostal e adotou seu nome atual em 1907. Atualmente, com mais de 6, 7 milhões de membros, a Igreja de Deus em Cristo cresceu mais de 48% entre 1982 e 1991.

O movimento moderno dos direitos civis cresceu em grande parte por causa das igrejas fundadas por negros. Líderes como o dr. Martin Luther King Jr. eram pregadores batistas que acreditavam na condenação bíblica da discriminação e do racismo. King — o incontestável líder do movimento americano pelos direitos civis e a favor da não-violência — organizou negros e brancos na busca pela justiça para todos os americanos, independentemente de raça. Usando a Bíblia, e a não violência, o movimento impactou todos os aspectos da sociedade americana.

O CATOLICISMO ROMANO E A MODERNIDADE

O mundo moderno também não tem sido bondoso para com o catolicismo romano. Por sinal, o século 20 testemunhou uma crise de autoridade do catolicismo. No século 18, a Igreja Católica Romana (ICR) tentou consolidar sua autoridade por meio de uma série de declarações decisivas que objetivavam a definição da doutrina e o poder papal. Em 1854, a ICR declarou o dogma da "Imaculada Conceição de Maria". Por meio dos méritos de Jesus, a ICR declarou que Maria fora preservada dos efeitos do pecado original e, portanto, não teve pecado. Em 1869, a ICR promulgou o *Sílabo de erros*, documento com a afirmação de que ao pronunciar-se oficialmente, *ex cathedra* (de sua cadeira), o papa fala de maneira infalível. Por último, o Concílio Vaticano I (1869-70) declarou a infalibilidade papal. O papado utilizou esse poder apenas uma vez, em 1950, quando o papa Pio XII proclamou o dogma da ascensão de Maria ao céu.

No século 20, o catolicismo romano experimentou suas maiores dificuldades desde a Reforma. A ICR respondeu aos desafios do modernismo, em grande parte, por meio do Concílio Vaticano II (1963-65). Nos documentos resultantes desse concílio, a ICR abraçou o movimento ecumênico, iniciou diálogos com várias denominações protestantes e a Igreja Ortodoxa oriental. O Vaticano II também reconheceu a infalibilidade papal e a igualdade entre as Escrituras e a tradição da igreja como fontes de autoridade para os católicos. Contudo, foi nas áreas práticas que o Concílio Vaticano II exerceu um impacto mais revolucionário. O concílio passou a considerar certas práticas opcionais — o latim na liturgia, o hábito de não comer carne às sextas-feiras, o jejum e a abstinência na quaresma, o culto aos santos e a prática regular de confissão ao padre. O Concílio Vaticano II removeu, assim, muito dos diferenciais culturais do catolicismo.

Sob o governo de João Paulo II, a igreja esteve envolvida na luta quanto à maneira de responder à teologia da libertação na América Latina, ao movimento carismático na Europa Ocidental e na América, às pressões para permitir a ordenação de mulheres e questões éticas como aborto, contracepção, eutanásia e divórcio. A ICR assumiu oficialmente posições firmes em todas essas questões, mas muitos católicos rejeitam a posição oficial da igreja, aumentando assim a crise de autoridade.

O mundo moderno trouxe profundos desafios para a Igreja de Jesus Cristo. Este capítulo destacou alguns desses desafios e reviu de que maneira a igreja tem respondido a eles. O mundo do século 21 é um mundo de mudança contínua e profunda. Algo que pode ser aprendido com base na história é que a igreja precisa lembrar-se de sua missão e de seu Cabeça. Com este foco, a igreja não se perderá e permanecerá como instrumento de Deus para conduzir as pessoas a si para encontrar a salvação.

PERGUNTAS PARA DEBATE

1. Explique resumidamente de que maneira os tópicos a seguir contribuíram para a modernidade e como eles desafiaram a igreja:

   darwinismo —

   evangelho social —

   alta crítica alemã —

2. Qual foi a controvérsia fundamentalista modernista nas denominações americanas? Quem ganhou a luta?

3. Liste algumas das respostas dadas pelos fundamentalistas em relação à perda de controle nas principais denominações.

4. Resuma as diferenças entre o pentecostalismo, o movimento carismático e o movimento de "sinais e maravilhas".

5. Qual é a diferença entre fundamentalistas e evangélicos?

6. Resuma os desenvolvimentos do catolicismo romano no último século.

ANOTAÇÕES

Glossário

Apologia — quando usada em sentido teológico, refere-se à defesa do que se considera verdadeiro. A apologética diz respeito ao estudo das evidências tanto das Escrituras quanto da natureza usadas para apresentar e legitimar de forma lógica a verdade do cristianismo.

Bispo — da palavra grega *episkopos*, "supervisor". Na história da igreja primitiva, o bispo era um ministro responsável pela supervisão de várias igrejas.

Escola catequética — "catequético" vem da palavra grega *katecheo*, que significa "ensinar" ou "instruir". As escolas catequéticas da igreja primitiva seguiram a abordagem socrática do ensino, utilizando a metodologia de perguntas e respostas.

Igreja — da palavra grega *ekklesia*, que significa "os chamados" ou simplesmente "assembleia". Com referência à igreja cristã, *igreja* tem dois significados. O primeiro é a igreja universal ou invisível, formada por todos os crentes nascidos de novo em Jesus Cristo. O segundo uso (predominante neste livro) é usado para designar uma igreja visível e organizada, formada tanto por crentes quanto por não crentes.

Dieta de Worms — assembleia dos príncipes alemães que tinha autoridade legislativa. Martinho Lutero foi julgado diante desse grupo em 1521, na cidade alemã de Worms.

Erudição — refere-se ao conhecimento amplo, normalmente obtido a partir do estudo de livros.

Evangelho da graça — as boas novas de salvação baseadas no favor divino, imerecido, concedido aos crentes, e nunca por atividade de autogeração.

Monasticismo — opção de vida pelo isolamento físico do mundo, normalmente acompanhada da realização de votos de castidade e pobreza. O monasticismo é caracterizado pela ênfase na obediência e na autoridade, assim como pelo desejo de reclusão, ordem e rotina.

Veneração — significa "adorar". Termo usado pela Igreja Católica Romana no caso da "veneração a Maria" ou "veneração aos santos".

Enriqueça sua biblioteca

Capítulo 1

BRUCE, F. F. *Merece confiança o Novo Testamento?* São Paulo: Vida Nova, 1965.

CAIRNS, Earle E. *O cristianismo através dos séculos.* São Paulo: Vida Nova, 1995.

DOCKERY David S. (Ed. Geral). *Manual bíblico Vida Nova.* São Paulo: Vida Nova, 2001.

DOUGLAS, J. D.; SHEDD, R. P. *O novo dicionário da Bíblia.* São Paulo: Vida Nova, 1981.

DUNNET, Walter. M. *Panorama do Novo Testamento.* São Paulo: Vida Nova, 2005. (Curso Vida Nova de Teologia Básica; v. 3).

ELWELL, Walter A. *Enciclopédia histórico-teológica da igreja cristã.* São Paulo: Vida Nova, 1988.

GUNDRY, Robert H. *Panorama do Novo Testamento.* 2 ed. São Paulo: Vida Nova, 1998.

MARTIN, Ralph P. *Adoração na igreja primitiva.* São Paulo: Vida Nova, 1982.

TENNEY, Merrill C. *O Novo Testamento*: sua origem e análise. 3 ed. São Paulo: Vida Nova, 1995.

YOUNGBLOOD, Ronald (Ed. Geral); BRUCE, F. F.; HARRISON, R. K. (Co-editores). *Dicionário ilustrado da Bíblia.* São Paulo: Vida Nova, 2004.

Capítulo 2

CAIRNS, Earle E. *O cristianismo através dos séculos*. São Paulo: Vida Nova, 1995. (Veja esp. o 13, "A era de ouro dos pais da igreja".)
GRUDEM, Wayne. *Teologia sistemática*. São Paulo: Vida Nova, 1999.
Padres apostólicos. São Paulo: Paulus, 1995.

Capítulo 3

CAIRNS, Earle E. *O cristianismo através dos séculos*. São Paulo: Vida Nova, 1995. (Veja esp. os caps. 8, "Fábulas ou sã doutrina", e o 9, "Em defesa da fé".)
GONZÁLEZ, Justo L. *Visão panorâmica da história da igreja*. São Paulo: Vida Nova, 1998.
_____. *E até os confins da terra*: uma história ilustrada do cristianismo. Vol. 1: A era dos mártires. Vol. 2: A era dos gigantes. São Paulo: Vida Nova, 1995. (10 vols.)
_____. *Uma história do pensamento cristão*. 3 vols. São Paulo: Cultura Cristã, 2003.
Padres apologistas. São Paulo: Paulus, 1995.
TENNEY, Merrill C. *O Novo Testamento*: sua origem e análise. 3 ed. São Paulo: Vida Nova, 1995. (Veja esp. o capítulo 21, "O perigo das heresias".)

Capítulo 4

GEISLER, N. L. "Agostinho de Hipona". In: ELWELL, Walter A. *Enciclopédia histórico-teológica da igreja cristã*. Vol. 1. São Paulo: Vida Nova, 1988. 3 vols.
GONZÁLEZ, Justo L. *E até os confins da terra*: uma história ilustrada do cristianismo. Vol. 2: A era dos gigantes. São Paulo: Vida Nova, 1995. (10 vols.)
KELLY, J. N. D. *Patrística*: origem e desenvolvimento das doutrinas centrais da fé cristã. Vida Nova, 1993.

Capítulo 5

ELWELL, Walter A. *Enciclopédia histórico-teológica da igreja cristã*. 3 vols. São Paulo: Vida Nova, 1988.
GONZÁLEZ, Justo L. *Uma história do pensamento cristão*. 3 vols. São Paulo: Cultura Cristã, 2003.
_____. *E até os confins da terra*: uma história ilustrada do cristianismo. Vol. 3: A era das trevas. São Paulo: Vida Nova, 1981. (10 vols.)

Capítulo 6

ELWELL, Walter A. *Enciclopédia histórico-teológica da igreja cristã*. São Paulo: Vida Nova, 1988.

GONZÁLEZ, Justo L. *Uma história do pensamento cristão*. 3 vols. São Paulo: Cultura Cristã, 2003.

_____. *E até os confins da terra*: uma história ilustrada do cristianismo. Vol. 6: A era dos reformadores. São Paulo: Vida Nova, 1983. (10 vols.)

Capítulo 7

GONZÁLEZ, Justo L. *Uma história do pensamento cristão*. 3 vols. São Paulo: Cultura Cristã, 2003.

CAIRNS, Earle E. *O cristianismo através dos séculos*. São Paulo: Vida Nova, 1995. (Veja esp. o 31, "Contra Reforma e o significado da Reforma".)

Capítulo 8

MORELAND, J. P.; CRAIG, W. L. *Filosofia e cosmovisão cristã*. São Paulo: Vida Nova, 2005. (Veja esp. a parte 4, "Filosofia da ciência".)

Capítulo 9

ELWELL, Walter A. *Enciclopédia histórico-teológica da igreja cristã*. São Paulo: Vida Nova, 1988. (Veja os verbetes "Iluminismo", "Deísmo" e "Liberalismo teológico".

GONZÁLEZ, Justo L. *Uma história do pensamento cristão*. 3 vols. São Paulo: Cultura Cristã, 2003.

Capítulo 10

GEORGE, Timothy. *Fiel testemunha*: vida e obra de Willian Carey. São Paulo: Vida Nova, 1998.

NEILL, Stephen. *História as missões*. 2. ed. São Paulo: Vida Nova, 1997.

TUCKER, Ruth A. *"... até os confins da terra"*: uma história biográfica das missões cristãs. São Paulo: Vida Nova, 1986.

Capítulo 11

ELWELL, Walter A. *Enciclopédia histórico-teológica da igreja cristã*. São Paulo: Vida Nova, 1988. (Veja o verbete "Reavivamentismo".)

Capítulo 12

ELWELL, Walter A. *Enciclopédia histórico-teológica da igreja cristã*. São Paulo: Vida Nova, 1988. (Veja os verbetes "Alta crítica", "Evangelho, implicações sociais do", "Evangelho social, o", "Fundamentalismo", "Denominacionalismo", "Pentecostalismo".)

Esta obra foi composta por
Sérgio Siqueira Moura
usando as fontes Acaslon e Swis721,
capa em cartão 250 g/m²,
miolo em off-set 75 g/m²,
impressa pela Imprensa da Fé
em setembro de 2020.